问卷网推荐

张莉◎编著

市场调查

论与实践

人民邮电出版社
北 京

图书在版编目（CIP）数据

市场调查理论与实践 / 张莉编著. -- 北京：人民
邮电出版社，2023.7
ISBN 978-7-115-61476-6

Ⅰ. ①市… Ⅱ. ①张… Ⅲ. ①市场调查－研究 Ⅳ.
①F713.52

中国国家版本馆CIP数据核字(2023)第054734号

内 容 提 要

　　本书系统地介绍了市场调查的理论和方法，包括市场调查概述、市场调查过程、市场调查方法、定性调查、问卷设计、抽样设计、市场调查的实施、市场调查资料的整理、数据统计分析、市场调查报告、顾客满意度调查等。在传统市场调查内容体系的基础上，探讨了互联网背景下市场调查方法的新发展和出现的新问题。

　　本书注重理论与实践紧密结合，力求简明通俗、深入浅出，适合高等院校工商管理、市场营销等专业的学生以及企业、咨询机构中从事相关工作的人员阅读。

　◆　编　　著　张　莉
　　　责任编辑　刘　朋
　　　责任印制　陈　犇
　◆　人民邮电出版社出版发行　　北京市丰台区成寿寺路 11 号
　　　邮编　100164　　电子邮件　315@ptpress.com.cn
　　　网址　https://www.ptpress.com.cn
　　　北京天宇星印刷厂印刷
　◆　开本：787×1092　1/16
　　　印张：11　　　　　　　　2023 年 7 月第 1 版
　　　字数：253 千字　　　　　2025 年 9 月北京第 4 次印刷

定价：49.90 元

读者服务热线：(010)81055410　印装质量热线：(010)81055316
反盗版热线：(010)81055315

◀ 前 言 ▶

市场调查经过上百年的发展，目前在经济活动中得到了十分广泛的应用。通过市场调查来制定营销管理策略早已经成为企业界的共识。随着社会经济发展以及技术变革和创新，市场调查的方法不断改进，市场调查的理论体系也不断完善。作为企业了解和把握市场与消费者信息的重要工具，市场调查在社会经济运行中发挥着不可忽视的作用。在国内高等院校中，市场调查是工商管理、市场营销等专业的核心课程，很多其他相关专业也开设了市场调查、广告调查等课程。

本书较为系统地介绍了市场调查的理论和方法，包括市场调查概述、市场调查过程、市场调查方法、定性调查、问卷设计、抽样设计、市场调查的实施、市场调查资料的整理、数据统计分析、市场调查报告和顾客满意度调查共11章内容。在市场调查内容体系的基础上，本书探讨了互联网背景下市场调查方法的新发展和出现的新问题。

本书在内容组织和撰写方式上突出了以下几个方面的特色。第一，基础性与实用性相结合。本书的内容体系较为完整，既注重对基础概念、基本原理的介绍，又兼顾应用性和实践性，强调理论与实践紧密结合。在撰写风格上，力求简明通俗、深入浅出、容易理解。第二，本土化与国际化相结合。编者在编写过程中既借鉴了从国外翻译引进的经典教材，也参考了国内近年来出版的本土教材，努力做到各取所长，融合创新。第三，追求时代性和前瞻性。本书关注技术变革对市场调查方法和技术的影响，在内容上与时俱进，以适应社会经济发展的要求。

本书适合高等院校相关专业的本科生阅读，也可供企业中的营销管理人员参考。

编者在编写过程中参考了国内外的很多文献，在此对相关作者表示衷心的感谢。同时，也得到了柯惠新教授的热心帮助，在此对柯惠新教授所给予的帮助和指导表示衷心的感谢。

编　者

◆ 目 录 ◆

第一章

市场调查概述

在现代市场营销理念下，企业主要根据顾客需求来组织生产和销售活动，而市场调查是了解顾客需求的有效手段，有助于获取市场营销决策所需要的信息。市场调查主要针对企业在市场营销中的问题来收集和分析影响决策的相关信息，为企业制定营销决策提供依据。今天调查已经成为现代企业市场营销活动的重要组成部分，有助于企业更好地适应市场营销环境，发现和捕捉市场机会，通过产品和服务更好地满足顾客需求。

一、市场调查的概念

1. 市场的含义

市场一般是指买卖双方聚集在一起进行交换活动的场所，即买卖产品的地方，比如菜市场、农贸市场、小商品市场等。这里的市场是"作为场所的市场"，是一个地理上的概念。经济学家将市场定义为买卖双方就某一特定产品或品类进行交易的集合（如房地产市场、粮食市场、人才市场等），是一系列交换关系的总和。这里，市场的定义是从商品供求关系的角度提出的。

在市场营销学中，市场的概念又有所不同。市场营销中将顾客群体称为市场，即具有特定需求且具有购买意愿和购买能力的潜在顾客所组成的消费者的总体。市场营销中常说的"目标市场""细分市场"等指的都是特定的顾客群体，是具有某种共同的消费需求的顾客群体或消费者群体。比如，"某产品的目标市场"一般是指企业所生产的某产品所针对的目标消费群体，这个群体对该产品存在共同的消费需求，因此对企业来说意义重大。可见，市场营销中市场的含义是站在企业的角度来认识的，突出了消费者的需求，产品有多大的市场往往意味着该产品有多大规模的消费需求。

2. 调查的概念

"调查"在英文中对应"survey"一词，该词的释义是：为了获得新信息而针对某一问题预先进行详尽的研究。英文中其他和调查密切相关的词语是"research"和"study"，这两个词都有调查研究的含义，但泛指为了不同的目的而对有关问题或现象进行探求的过程，同时包括了调查和分析问题的过程。因此，"为了获得新信息而针对某一问题预先进行详尽的研究"这一释义更为准确地表达了调查的含义。从这一释义来看，调查的概念包含了以下四层意思：第一，调查的目的是获得新的信息；第二，调查一般针对特定的问题进行；第三，调查一般预先进行，是有计划的；第四，调查所需收集的信息一般较为详尽。可见，无论开展何种形式的调查活动都是为了了解实际情况、针对某一问题而进行的。调查的主要作用在于帮助我们了解现实情况，获得新的信息。调查还能为我们做出判断、进行决策提供依据。"没有调查就没有发言权"，调查所获得的信息为我们形成观点、进行决策等提供有力的支持。

常见的调查活动有市场调查、民意调查、新闻调查、社会调查、收视率调查等。民意调查又称舆论调查，是了解公众舆论倾向的一种调查活动，反映一定范围内的民众对某个或某些社会问题的态度和倾向，主要采用问卷调查法或访谈法收集民众对社会问题的看法和态度。收视率调查用于了解观众对某个电视节目的收看情况，主要方法有日记法和人员测量仪法，一般由第三方数据调查公司通过各种方式收集相关数据。

3．市场调查的概念

一般来说，市场调查是指企业为了满足营销需要而进行的调查活动。市场调查的主体一般是企业，也可以是企业委托专业的市场调查公司、咨询公司等。市场调查的目的主要是满足市场营销管理决策的需要，为管理层制定市场营销策略提供依据。

市场调查有广义和狭义之分。广义的市场调查也叫市场研究（Marketing Research）或营销调研，狭义的市场调查更偏重于信息的收集和分析。虽然市场调查更偏重信息的收集和分析，但其所涉及的调查问题和现象贯穿于企业的市场营销过程，涵盖了企业的整个市场营销活动。因此，本书对营销调研和市场调查不做严格的区分，将其统称为市场调查。

根据美国市场营销协会（American Management Association，AMA）的定义，市场调查是指有计划地收集、分析和营销决策相关的信息，并就分析结果与管理者进行沟通的过程。在市场调查中，通过有关信息将商品的生产者与消费者联系起来，这些信息用于识别和确认市场机会，发现所存在的问题，产生、提炼、评价企业所采取的市场行动，提升企业的市场表现，改进企业的营销策略。

中国传媒大学柯惠新教授给市场调查所下的定义为：以科学的方法和客观的态度，以市场和市场营销中的各种问题为调查研究的对象，有效地收集和分析有关信息，从而为明确事实和制定各项营销策略提供基础性的数据和资料。

综合以上两个定义的观点，我们认为市场调查就是采取科学的方法，针对市场和市场营销中的问题，有计划地系统收集、记录、整理、分析有关市场信息，从而明确事实，为制定各项营销策略、解决营销问题提供基本依据。

具体而言，可以从以下几个来方面理解市场调查的概念。

① 市场调查以科学的理论和方法为指导。为了保证市场调查结果的准确可靠，市场调查活动一般遵循科学的原则和程序，以科学的理论和方法为指导。统计学、市场营销学、经济学、社会学、心理学、决策学等不同学科的理论和方法都可以为市场调查提供有效的指导，比如抽

样、统计分析等方法的应用保障了市场调查的科学性。

② 市场调查是一项系统性工作。市场调查不仅仅是收集市场信息，还包括制订计划、整理和分析所收集的信息，以及对调查结果进行解释和汇报等。市场调查包括了计划、信息收集、记录、分析、解释和报告等环节，而且这些环节相互关联，构成完整的市场调查过程。

③ 市场调查以市场和市场营销中的问题为研究对象，帮助企业获取决策所需要的信息。市场和市场营销中的问题包括企业在市场经营和营销过程中遇到的与产品销售、生产、定价、宣传推广等有关的问题和其他需要解决的问题。针对特定的问题，有计划地系统收集、记录、整理、分析有关的市场信息，可以帮助企业识别营销问题，获取决策所需要的各种信息。

二、市场调查的内容

市场调查在现代经济中的应用十分广泛，调查内容也较为多样化。由于市场调查以企业市场营销中的问题为研究对象，这些问题贯穿于企业市场营销管理活动的全过程，因此市场调查的内容也与企业营销策略的制定密切相关。具体来说，市场调查的主要内容有市场状况调查、产品调查、消费者调查、广告调查、营销环境调查等。

1．市场状况调查

企业的市场营销活动是以目标市场为中心展开的，产品、价格、渠道、促销四方面的营销要素都需要紧紧围绕目标市场进行组合和动态调整。因此，确定目标市场是企业市场营销的重要战略之一。企业首先需要了解市场的总体状况，在瞬息万变的市场环境中把握市场的发展变化，从而寻找和发现新的市场机会，对市场进行细分，进而确定目标市场。

市场状况调查主要是为了了解某类产品的市场规模和未来走向，从各方面把握该类产品的市场的总体情况，为企业寻找和发现市场机会提供必要的信息。市场状况调查的具体内容如下。

① 对该类产品的市场的现有规模和潜在规模行估计和预测，估计各品牌的市场占有率。

② 对总体市场进行细分，了解各细分市场的需求状况和未来走向。

③ 了解所选择的目标市场的需求状况和未来发展趋势。

④ 了解该市场促销和销售渠道方面的信息。

2．产品调查

企业要生存和发展，在市场竞争中立于不败之地，就需要持续开发和设计新的产品，不断满足和创造消费需求。企业在开发新产品之前，一般要花费大量精力研究消费者的喜好、消费能力、消费习惯、消费趋向、产品期望等，为新产品的研发指明方向。以洗发水产品的开发为例，在开发新的洗发水产品之前，企业一般需要对目标消费者的消费者偏好、消费需求、洗护习惯、饮食起居甚至生活方式等进行深入了解，为开发新的洗发水产品确定方向。在产品开发完成之后，企业还需要对新产品进行测试，评估消费者对新产品的认可和接受程度，根据消费者的意见进行调整和改进，以降低经营风险。以雀巢咖啡为例，为了满足本土消费者对咖啡口味的偏好，雀巢咖啡在中国市场上销售的产品都经过了消费者口味喜好测试。

产品调查主要用于新产品的开发和对现有产品的改进，调查内容包括了解消费者对产品概念的理解、对产品属性的评价、对产品的偏好等。产品调查还包括产品定价、名称、包装等方面的测试。产品包装测试的主要目的是了解产品包装对消费者有多大的吸引力，产品包装的功能是否完善，现有的产品包装是否需要升级，等等。

3．消费者调查

消费者调查主要对消费者的特征、购买行为、购买动机等进行调查和分析。调查消费者的背景和社会人口特征，可以帮助企业细分市场，更好地选择目标市场，进行更准确的市场定位。通过分析消费者的购买行为，可以了解影响消费者购买和决策的"黑箱"，掌握消费者购买行为的规律性，为制定相关的营销策略提供依据。通过消费者调查，还可以分析消费者的真实动机，揭示隐藏在消费者表面行为之下的复杂心理和真实想法，以便企业能够把握消费者的真正需求，提供满足消费者需要的产品和服务。

消费者调查一般需要了解 8 个方面的基本信息，即 6W+2H，具体包括：购买什么（what），为什么购买（why），购买者是谁（who），何时购买（when），从何处购买（where），购买多少（how many），如何做出购买决策（how），信息来自何处（where）。消费者调查主要对"购买什么""何时购买""从何处购买""购买多少"进行调查，涉及商品的需求结构、需求时间和需求量等。

4．广告调查

广告调查主要分为广告信息调查和广告效果调查两种类型。

广告信息调查分为广告主题调查、广告文案测试、广告创意概念测试、广告媒介调查、广告效果调查等。通过广告主题调查，可以了目标消费者对广告主题概念的理解和接受程度，检验广告主题与产品的相关性以及广告主题是否反映了产品的市场定位等。通过广告文案测试，可以了解消费者对广告文案中的语言的理解程度、对品牌名称和广告语等的接受程度，检验广告文案能否有效地传达有关产品和服务的信息。广告创意概念测试主要对广告的创意构想进行消费者测试，测试广告创意对消费者是否有吸引力、能否被消费者理解和接受、能否有效地传达广告主题。通过广告媒介调查，可以了解各种广告媒介的覆盖率和触达人数，为企业选择广告媒介提供基本依据。

广告效果调查是指为了评价广告效果而在广告前和广告后对消费者的态度和行为进行调查，以及在广告中对消费者接受产品或服务的效果进行调查。一项完整的广告效果测试包括事前测试、事中测试、事后测试和追踪测试四个阶段。

5．营销环境调查

企业的经营活动是在复杂的社会环境中进行的，其中既包括社会政治、经济、技术、法律、文化环境等宏观环境因素，也包括市场环境、行业环境、企业内部环境等微观环境因素。各种社会环境因素的变化既可能给企业带来机会，也可能形成威胁，所以企业在经营活动中必须充分掌握各种社会环境因素，把握环境的动态变化和发展趋势，进行相关的营销环境调查。这是企业有效开展经营活动的基本前提。

在营销环境调查中，主要从企业外部和内部的营销环境两个方面进行调查和分析。企业外部环境分为宏观环境和微观环境，其中宏观的营销环境包括政治环境、经济环境、技术环境、法律环境、社会文化环境、自然环境等因素，微观的营销环境包括消费结构、竞争行业、供应商、经销商、竞争对手、消费者、社会公众等因素。微观市场环境的把握对于企业来说尤其重要。由于市场总是处于动态变化的过程中，今天的市场不同于昨天的市场。面对瞬息万变的市场环境，企业需要通过调查及时把握市场的最新状况和动态变化，从而做到快速反应和快速决策，在市场竞争中占领先机。无论是宏观环境还是微观环境，外部环境对于企业来说是不可控的因素。对外部环境进行调查和分析，可以帮助企业分析存在的营销机会和可能带来的威胁。企业内部环境涉及产品、价格、销售渠道、广告宣传、生产条件、技术条件、企业文化等方面的情况。各种内部环境因素可能促进，也可能限制企业的营销活动，企业在营销活动中需要充分考虑这些内部因素，以此作为开展营销活动的背景。

补充资料 1-1

日本汽车工业后来居上

日本的汽车工业是在 20 世纪 50 年代开始发展起来的，当时世界汽车制造业的市场是由美国主导的。但在 20 世纪 70 年代，日本汽车工业后来居上，横扫欧美市场，市场占有率超过了欧美各国本土生产的传统豪华型轿车。日本的汽车工业何以能够在短短的几十年内突飞猛进，超越美国的霸主地位？

20 世纪 60 年代，有两大主要因素影响汽车工业：一是发达国家控制了第三世界的石油生产，导致石油的价格低廉；二是轿车制造业发展很快，豪华型轿车、大型轿车受到消费者的欢迎。面对当时汽车制造业所面临的外部环境及其可能发生的变化，日本汽车制造商敏锐地意识到了潜在的市场机会，并通过市场调查准确地预测出发达国家能源消耗的不断增加可能导致世界性能源危机的发生，石油价格将会上涨，由此而来的是小型轿车市场存在着巨大的机会。小型轿车耗油量小，能够适应能源紧缺、石油价格上涨的环境变化。改进和生产耗油量小的小型轿车是汽车制造商的当务之急。随着汽车数量的增多和车流量的增加，停车场的停车位变得紧张，停车费也会水涨船高。这也为小型轿车的生产和销售提供了有利的机会。另外，日本汽车制造商分析了发达国家家庭成员的用车状况，发现主妇要开车去超级市场采购，孩子要上学，男主人要上班，一个家庭只有一辆汽车无法满足所有家庭成员的出行需求，而作为代步工具的小型轿车显然能够很好地满足家庭出行的刚性需求。

通过市场调查和分析，日本汽车制造商对经济环境的变化趋势做出了正确的预测和判断，加大对小型轿车的开发和生产，使得物美价廉的小型节油轿车在 20 世纪 70 年代的世界石油危机中一枝独秀，占据了有利的市场地位，而欧美各国生产的传统豪华型汽车因为耗油量大、成本高而不符合市场需求和经济环境的变化，导致市场受到挤压，销售量下降。

（资源来源：张俊，周永平. 市场营销：原理、方法与案例[M]. 第1版. 北京：人民邮电出版社，2016年8月.）

三、市场调查的地位和作用

在现代市场营销中，制定科学的营销管理策略离不开信息。市场调查主要针对企业在市场和市场营销中遇到的问题来收集和分析影响营销决策的信息，以降低决策的不确定性和风险。市场调查以现代市场营销观念为理论指导，反过来又服务于市场营销管理的过程，为制定各项营销策略提供客观依据。

现代市场营销观念是以消费者的需求为导向的经营理念，是在完全的买方市场条件下产生的。买方市场的主要特征是供过于求，同类产品之间的竞争激烈。在买方市场条件下，为了争夺市场，实现产品销售的目的，企业需要充分了解市场情况，了解消费者的需求，并以此来组织生产和销售。随着现代市场营销观念的确立，许多企业逐渐认识到市场调查的重要性，能够在市场营销过程中充分利用市场调查的工具，把握市场的变化和发展趋势，制定和调整各项营销策略。

市场营销是企业在市场经济背景下以满足消费者的需要为前提进行的创造、提供并交换产品或价值的过程。简单地说，市场营销就是"有利可图地满足需求"的过程。市场营销管理的重点在于识别消费者的需求，并通过有价值的产品和服务有效地满足消费者的需求。而市场调查是了解目标市场需求的有效手段，并且能够帮助企业最大程度地满足消费者的需求，将企业所提供的产品和服务更有效地传达给消费者。市场调查在企业市场营销管理中的地位体现在以下方面：首先，市场调查是企业管理者获取信息的重要途径，属于企业营销管理系统中的信息系统，市场调查与企业内部数据库所构成的信息系统为企业管理者提供信息和情报资料，作为管理决策和策略调整的依据；其次，市场调查是企业探索新的市场机会的基本工具，用以帮助企业管理者识别和发现有利可图的市场机会。

市场调查在市场营销管理中的作用主要体现在以下几个方面。

（1）有利于企业发现和把握市场机会

企业通过市场调查可以了解市场的总体情况，把握市场的变化和发展趋势，在不断变化的市场中发现和捕捉新的机会。消费者的需求是复杂多变、难以预测的，企业通过市场调查可以掌握消费者的需求变化情况，识别消费者的新需求，并在此基础上组织生产和销售，推出新的产品，从而在市场竞争中占据有利地位。

市场调查还有助于企业辨明和把握市场机会，调整和确定企业的经营发展方向。方太厨具有限公司在1996年创立于浙江省慈溪市，在创立初期面临发展方向的选择问题。进军抽油烟机市场或微波炉市场，是关系到企业命运和发展方向的重要决策。方太厨具有限公司的管理层经过实地调研走访，做出了正确的经营决策，选择了看似饱和而其实有巨大的市场发展空间的抽油烟机作为新的市场，把握了有潜力的市场机会，明确了企业的发展方向。通过市场调查对企业内外部的营销环境进行调查和分析，了解企业的竞争优势，整理和把握消费者的需要及其变化趋势，有助于企业辨明市场机会和潜在的威胁，找到和确定未来的经营方向。

（2）有利于企业制定正确的市场营销策略

市场营销活动以目标市场的需求为中心展开，而目标市场的确定和准确定位需要依赖市场调查所获得的信息。市场调查可以帮助企业详细了解和掌握消费者的需求情况，了解竞争对手的情况，并通过人口、心理和行为差异来区分不同的细分市场，从而选择和确定目标市场，并对目标市场进行准确定位。

在对目标市场进行准确定位的基础上，企业还需要根据目标市场的需求和自己的营销目标来确定营销要素的最佳组合。这些营销要素包括产品、价格、渠道和促销方式等，是开展营销活动的工具和手段。市场营销策略可以概括为产品、价格、渠道、促销四个方面的策略组合，即企业生产什么产品，产品以什么价格进行销售，产品通过什么渠道和方式提供给顾客，通过什么方式进行促销。企业管理者在制定策略组合时，通常需要详细地了解市场、产品、消费者、竞争对手、广告宣传等多方面的情况。

20 世纪 90 年代，顶新集团看到方便面市场的巨大潜力，通过审慎的市场调查和评估确定产品种类、价格、销售渠道和促销方式，制定合理的营销策略，并将打造品牌定为营销策略的核心，由此推出康师傅品牌。在经过市场调查摸清市场环境的基础上，顶新集团决定先期推出红烧牛肉面初探市场，产品价格参照进口方便面和当地方便面的价格，以中价位、高品质为目标定位，市场定位准确。同时，以天津为基地，锁定华北地区，通过电视广告和促销活动双管齐下，迅速打开销路并建立了品牌知名度。若缺乏必要的市场信息，企业所制定的营销策略和计划就缺乏基本依据，也就无法为市场营销活动提供有效的指导。

（3）有利于企业更好地实施和控制市场营销活动

企业的市场营销活动是在复杂多变的市场环境中进行的。在开展市场营销活动时，企业需要借助市场调查来掌握内外部市场营销环境的各种变化，并通过市场调查对营销计划的执行情况进行监控，评估营销活动的效果，以便更好地开展和控制市场营销活动。市场调查所获得的信息不仅为制定营销策略和制订营销计划提供基本依据，还用于监控、评估和改进营销活动，加深企业对营销过程的理解。

总的来说，市场调查可以为企业制定和调整营销策略提供依据；有助于企业发现市场机会，开拓市场，开发新产品；有利于企业更好地进行市场定位，在竞争中占据有利地位；有利于提高企业的经营管理水平，促进销售，提升经济效益。

我们应正确认识市场调查的作用，既要充分认识到市场调查对于市场营销管理决策的重要性，又不能过度依赖和夸大市场调查的结果。市场调查可以帮助企业获取进行决策所需要的信息，但并不能取代决策。企业战略和营销策略的形成既要以事实为依据，也需要管理者对各种信息和资料做出综合性判断，进行大胆的想象和创新。在有的情况下，市场调查是一把双刃剑，管理者过度依赖市场调查的结果，有可能阻碍创新，做出与他人雷同的判断，难以实现差异化竞争。

补充资料 1-2

黑妹牙膏寻找市场机会

为了寻找市场机会，企业在发展初期就对全国牙膏市场尤其是广东牙膏市场进行了细致的调查。调查人员将牙膏市场细分为药物牙膏和普通牙膏，又将普通牙膏进一步细分为留兰香型和水果香型，再对各细分市场进行分析，同时对当时消费者的消费心理和需求变化趋势进行分析。调查结果认为：药物牙膏市场竞争激烈，普通牙膏市场存在可能的机会，但需要创新产品，推出符合消费者需要的、香味浓郁的、品质高的新产品。企业决策者由此确定了开发一种符合消费者需求的非药物型新产品的构想。黑妹牙膏迅速进入市场，在短短三个月内就被广大消费者接受。

在该案例中，企业管理者在市场调查的基础上细分市场，找出市场特点及消费者的需求变化趋势，并开发了适应市场需求的新产品，从而获得了成功。企业在发展初期为了寻找市场机会，详细了解了广东牙膏市场的基本状况，将牙膏市场分为药物药膏和普通牙膏两大类。他们发现药物牙膏市场竞争激烈，而普通牙膏市场因为消费需求升级、产品陈旧而存在机会。在对牙膏市场的状况进行细致的调查分析的基础上，企业确定了开发一款符合消费者需求的新型非药物牙膏的构想。

（资料来源：《世界中小企业经营案例大集》，根据原文内容进行改编。）

四、市场调查的分类

市场调查按照调查对象、调查方法、调查目的和功能的不同，可以从不同角度进行分类。从不同角度划分市场调查的类型，便于针对不同类型的市场的特点选择相应的调查方法。在实际工作中，对不同类型的市场的调查往往相互渗透，需要根据实际情况进行合理选择和运用。

1. 按调查对象分类

按调查对象的不同，市场调查可以分为全面调查和非全面调查。

（1）全面调查

全面调查就是对调查对象的总体进行逐一的、无遗漏的调查。全面调查就是普查，是全面收集数据资料的一种方法，可以获得较为完整、系统的信息，具有较为明显的优势。但全面调查所需要花费的人力、物力、财力较多，且调查时间较长，不适合一般企业的要求。因此，全面调查只在产品销售范围很窄或用户很少的情况下进行，对于品种多、产量大、销售范围广的产品，就不宜采用全面调查，一般采用抽样调查。由于全面调查涉及的调查对象数量多，需要较长的调查时间和较大的工作量，需要消耗较多的人力、物力和财力，因此我们在市场调查实践中很少采用全面调查。

（2）非全面调查

非全面调查是相对于全面调查而言的，包括典型调查、重点调查和抽样调查三种类型。

典型调查是根据调查目的和要求，从调查对象的总体中有意识地选取若干个有代表性的典型对象进行调查研究的一种非全面调查方法。采用典型调查时，一般在对调查对象的总体有初步了解的基础上，选择具有代表性的对象进行调查。典型调查适用于对新情况、新问题的调研。

重点调查是从调查对象的总体中选择一部分重点对象作为样本进行调查研究的一种非全面调查方法。重点调查和典型调查的区别主要在于调查对象不同，重点调查的对象是比较重要的对象。重点调查主要用于了解主要情况或基本趋势。

抽样调查，即从调查对象的总体中抽取一部分调查对象作为样本进行调查和分析，以此推断总体特征。按照抽样是否随机，抽样调查可以分为随机抽样和非随机抽样两大类。其中，随机抽样又分为简单随机抽样、系统抽样、分层随机抽样和整群抽样等几种类型；非随机抽样又包括便利抽样、判断抽样、配额抽样和滚雪球抽样等几种类型。抽样调查是一种常用的市场调查方法。

2．按调查方法分类

按信息收集方法的不同，可以将市场调查分为文案调查和实地调查两大类。

（1）文案调查

文案调查又称为二手资料调查、间接调查或室内调查。它是利用企业内外部现有的各种信息和情报资料，对调查内容进行分析研究的一种调查方法。文案调查不需要组织大量人员进行实地调查，省时省力，而且可以获得大量历史性资料和实地调查无法获得的资料数据。文案调查通常被视为市场调查的首选方法，可以为实地调查提供经验和大量的背景资料。只有当现有资料不足以解决问题时，才进行实地调查。

（2）实地调查

实地调查是相对于文案调查而言的，又称为一手资料调查或直接调查。它是指对于某种社会现象，调查人员在确定范围内进行实地考察，直接向受访者搜集资料。与文案调查相比，实地调查费时费力，操作起来更为困难，但可以获得第一手资料。实地调查一般包括询问法、观察法和实验法。

询问法是指按照调查项目的要求，采用小组访谈、深度访谈、问卷调查等多种方式收集所需的资料。其中，问卷调查又包括入户访问、街头拦截访问、电话访问、邮寄访问、留置问卷调查等不同形式。观察法是指调查人员通过直接观察或借助仪器对调查现场进行观察，记录受访者的行为和表情，从而获取所需的信息。实验法是指调查设计者通过实验的方式改变一个或几个影响因素，观察市场现象的变动情况，以测定企业所采用的各种经营手段的效果。

3．按研究目的和功能分类

按研究目的和功能的不同，可以将市场调查分为探索性调研、描述性调研和因果关系调研三大类。

（1）探索性调研

探索性调研是一种为了更好地理解和界定所研究的问题而进行的小规模调查活动。探索性调研的目的是获得对所研究问题的初步理解，明确调查的大致方向和步骤。当调查项目的内容和性质不太明确时，探索性调研可以帮助研究者了解实际情况，发现问题，从而得到关于调查主题的某些假定或新的想法，为进一步的调查研究奠定基础。探索性调研还有助于把一个大的模糊的问题界定得更加明确、清晰，以便识别需要进一步调查的问题和信息。探索性调研一般没有固定的计划，较为灵活，具有省时省力、简单易行的特点。探索性调研一般采用二手资料调查、深度访谈、焦点小组访谈、投射技术、案例研究等方式来收集资料。

（2）描述性调研

描述性调研是对调查总体的各种特征做出尽可能准确的描述，以如实地反映市场的客观情况，是结论性研究的一种。描述性调研的目的是如实地反映市场的实际情况，以对所研究的市场问题有较为全面和准确的认识。比如，通过描述性调研了解某类产品的市场状况，对该产品的市场规模和潜在市场规模做出预测，了解各品牌的市场占有率、价格、销售渠道等情况。描述性调研所要回答的往往是"是什么"的问题，比如产品的目标市场是什么样的人群，消费者对产品的需求和偏好是什么。描述性调研一般有事先设计好的调查方案，有事先提出的具体假设，对所研究的问题有相当多的定性理解。描述性调研一般以有代表性的大样本为基础，采用问卷调查法、观察法和二手资料调查法来收集资料。

（3）因果关系调研

因果关系调研也是结论性研究的一种，通过分析研究对象在发展过程中的变化和影响因素，分清原因和结果，找出决定性的变量。因果关系调研所回答的是"为什么"的问题，其目的是寻找和发现市场现象之间的因果关系，确定原因和结果，从而解决企业在经营中遇到的问题，或提出进一步的对策。在市场调查实践中，因果关系调研常用于检验和确定不同营销因素之间的内在联系，比如广告投放与产品销售量和消费者态度的改变之间是否存在一定的因果关系。因果关系研究往往对所研究的问题有较明确的定义，有事先提出的假设，并通过因果关系的研究来检验假设的有效性。因果关系调研的常用方法是实验法和二手资料调查法。

五、市场调查行业的发展

1．市场调查的产生与发展

市场调查活动是伴随着近代商品生产而出现的，是商品经济发展的必然结果。工业革命推动了西方国家市场经济的快速发展，而商品经济的发展加速了企业之间的竞争，企业迫切需要了解市场变化和竞争对手的情况，了解消费者的需求，以扩大产品销售。在此背景下，开始出现了早期的市场调查活动。1879年，美国广告商艾尔为客户做的农业谷物产量调查就是其中之一。早期的市场调查机构也开始出现。1911年，美国柯蒂斯出版公司设立了市场调查部门。1919年，芝加哥大学的邓肯教授出版了《商业调研：操作准则简介》，该书被公认为市场营销调研的第一部著作。

市场调查产生以后，市场调查技术随着时代的发展不断进步。20世纪30年代，盖洛普成为民意调查的先驱，抽样调查随之成为重要的方法。40年代初期，罗伯特K.默顿开发出定性研究的方法，以焦点小组访谈为代表的定性研究方法在市场研究中得到应用。50年代中期，消费者的行为及生活方式成为定性与定量研究的重要内容，关于消费者需求动机的研究也成为关键点。60年代以后，关于描述与预测的数学模型的发展以及计算机科学的发展使市场调查向更加专业化、科学化的方向发展。1980年以后，随着技术的进步，市场调查中技术的应用越来越广泛和深入。计算机辅助问卷设计、计算机辅助电话访问、专业统计分析软件、专业数据获取软件等新技术、新方法得到应用。1990年以后，随着计算机技术和互联网的普及，企业市场调研的范围不断扩大，调研周期大大缩短，数据整理与分析更加高效，调研质量有了很大的提高。

市场调查行业在欧美国家经历了初创期、成长期、成熟期和完善期等几个发展阶段，目前整体发展状况良好，技术水平较为先进。发展到今天，欧美国家不仅拥有很多专业性的市场调查机构，而且大多数企业都设立了市场调查部门，"决策前先做调查"的观念已经成为企业管理者的共识。市场调查行业从业人员的专业化程度高，有较高的专业素养。随着计算机技术和信息技术的应用，新的调查技术和调查设备被广泛采用，大大提高了市场调查的效率。市场调查行业协会和学会定期组织行业交流和学术交流，相关学术研究成果和学术著作的出版都保证了市场调查行业的标准化和规范化。

在我国，市场调查行业于20世纪80年代开始起步，80年代中后期商业性的市场调查机构开始出现。1988年私营的华南市场研究公司成立，这是我国第一家以"公司"命名的专业市场调查机构。尽管起步较晚，但随着国内经济的持续发展，市场调查行业的发展十分迅速，呈现良好的发展态势，主要表现为：从事市场调查的机构和人员数量增加明显，依据市场调查做出营销决策的观念逐渐被企业所接受，市场调查行业整体上呈现专业化、规范化的发展趋势，网络调查随着互联网的普及逐渐成为重要的市场调查方式，等等。总体来说，市场调查行业在我国起步晚，发展时间较短，与欧美国家存在一定差距，发展过程中存在一些问题和不足，但发展十分迅速，在国民经济中的地位日益提高，而且发展潜力巨大，具有良好的发展前景。

2. 市场调查行业的参与者

（1）独立性调查机构和非独立性调查机构

市场调查行业的参与者一般包括企业、广告代理商、市场调查公司等。根据从事市场调查的独立程度，这些参与者可以分为独立性调查机构和非独立性调查机构。

非独立性调查机构主要是指企业的市场调查部门和广告代理公司，他们通常作为市场调查的发起者和策划者，然后委托专业市场调查公司从事市场调查工作。企业所属的市场调查部门和广告代理公司有时也组织和承担一些简单的市场调查活动，但其职能比较有限，很少直接从事第一手资料的调查研究。

独立性市场调查机构主要是指专业市场调查公司，他们通常自行组织或受企业和广告公司的委托专门从事市场调查工作。专业性市场调查公司通常包括数据服务型公司和专项调研公司两种类型。其中，专项调研公司是市场调查行业的主体，他们一般受客户的委托针对特定的问题开展专项市场调查，根据客户的不同目的及要求专门设计调查项目，按照客户的要求安排调查内容和进度，为客户制订调查方案并汇报调查结果。数据服务公司定期提供数据收集和报告服务并将其出售给感兴趣的众多用户，而不是特别针对某一家客户。他们所提供的数据服务一般集中在媒体受众领域和消费品零售领域。上海艾瑞市场咨询股份有限公司是一家以提供数据服务为主的调查公司，是早期涉足互联网研究的第三方机构，主要为企业提供用户行为研究、广告营销监测、网络零售研究、企业数据分析等数据产品和服务。

（2）我国市场调查行业的五类调查主体

我国的市场调查行业主要有五种类型的调查机构在组织和承担市场调查工作，包括企业、广告代理公司、市场调查公司、政府和高校科研机构。

企业的市场调查部门、市场部门或广告策划部门主要承担市场调查方面的工作职能。他们有时自己独立完成一些市场调研工作，更多的时候是委托专业市场调查公司进行调查。

广告代理公司一般受企业的委托从事广告策划和广告代理工作，当需要进行市场调查或广告调查时，一般委托专业市场调查公司进行调查。广告代理公司也是数据服务型调查公司的主要用户。

市场调查公司一般针对具体客户的特定问题开展专项市场调查。专业市场调查公司在我国主要有三类：第一类是改革开放以后发展起来的民营市场调查公司，比如零点有数、华南国际等；第二类是具有行政背景或与统计机构有关联的国有市场调查公司，如央视索福瑞、美兰德等；第三类是国外市场调查机构在我国设立的分公司和外方占主导的合资公司，如盖洛普、尼尔森、益普索等。

政府部门在制定政策时也会组织一些市场调查。高校的一些科研机构出于科研目的或者受企业和政府的委托，也可以作为市场调查工作的承担者。

补充资料 1-3

2019 年中国十大调研咨询公司

1. 尼尔森

尼尔森是全球著名的市场调查公司，2019 年业务收入为 27.83 亿元。尼尔森于 1923 年由阿瑟·查尔斯·尼尔森创立，总部位于美国纽约。尼尔森的主要客户是快速消费品的零售商和制造商，同时它也服务于汽车业、金融业、电信业和其他消费品集中行业。

2. 益普索

益普索是全球领先的市场研究集团，2019 年业务收入为 11.81 亿元。益普索于 1975 年成立于法国巴黎，2011 年收购安吉斯集团旗下的市场调查机构思纬公司。在中国，益普索专注于营销研究、广告研究、满意度和忠诚度研究以及公众事务研究四大领域。

3. 慧辰资讯

慧辰资讯（全称为北京慧辰资道资讯股份有限公司）是一家数据分析服务提供商，2019 年业务收入为 3.84 亿元。慧辰资讯成立于 2008 年，主要为行业头部企业和国内政府机构提供基于企业内外部数据、消费者态度与行为数据以及行业数据的业务经营分析与应用、定制化的行业分析应用解决方案等。

4. 零点有数

零点有数（原零点研究咨询集团）是源自中国的国际化数据智能服务机构，2019 年业务收入为 3.84 亿元。零点有数旗下有创新数据开发中心、公共事务数据事业群、商业数据事业群、未来商习，主要为公共事务、消费品与新零售、地产、汽车、科技通信等领域提供数据收集和分析服务。

5. 卓思天成

卓思天成成立于 2010 年，是一家专注于汽车市场研究的咨询公司，其客户包括宝马中国、奔驰中国、一汽大众-奥迪、大众中国、一汽丰田、东风标致、日产中国（Infiniti）等汽车品牌。该公司主要为客户提供数据、市场研究分析、营销咨询等服务，2019 年业务收入为 1.85 亿元。

6. 数字一百

数字一百创立于 2004 年，2019 年业务收入为 1.35 亿元。该公司围绕态度数据、行为数据和消费数据为企业进行数字化商业决策赋能，主要为快速消费品、3C、互联网、电商、金融等行业提供在线调研产品和服务。

7. 中为咨询

这是一家产业与市场调查研究咨询服务供应商，2019 年业务收入为 1.27 亿元。该公司为企业、投资者和政府等提供数据和信息分析以及行业市场研究服务，其业务主要涉及工业品、消费品、文旅、电子、信息、现代服务业、公共事务等领域。

8. 艾瑞咨询

艾瑞咨询成立于 2002 年，是早期涉足互联网研究的第三方机构，2019 年业务收入为 1.19 亿元。它主要提供用户行为研究、广告营销监测、网络零售研究、企业数据分析等服务，业务涵盖互联网、电子商务、互联网金融、网络营销、网络服务等多个领域。

9. 信索咨询

信索咨询成立于 2003 年，是一家综合性商业营销服务解决方案提供商，2019 年业务收入为 1.05 亿元。它主要提供金融咨询、营销互动和市场研究三个方面的专业服务，服务网络覆盖全国 23 个大中城市，业务领域涉及快消品、信息技术、金融服务、汽车等行业。

10. 立信数据

该公司成立于 2001 年，是一家全渠道数据采集公司，2019 年业务收入为 0.83 亿元。该公司以数据服务为基础，专注于市场、民意和社会研究，业务领域包括城市公共事业、房地产、通信、汽车、金融、食品等行业。

（资料来源：消费日报网）

思考题

1. 如何理解市场调查的概念？

2. 结合自身经历，谈谈你对市场营销的理解。

3. 市场调查在市场营销管理中的作用如何体现？

第二章

市场调查过程

市场调查是帮助企业管理者进行决策的有效工具，但由于市场调查所需投入的时间和费用较多，管理者往往会根据具体的需要来决定是否进行市场调查。管理者必须在市场调查所需投入的成本和实际需要之间进行权衡，判断进行市场调查的必要性。当市场调查所需投入的成本大于市场调查所获取的信息的价值时，则没有必要进行市场调查；反之，则有必要进行市场调查。

在确定有必要进行市场调查以后，企业一般会委托专业市场调查公司来开展正式的市场调查活动。市场调查的一般过程可以分为四个阶段，如图 2-1 所示。

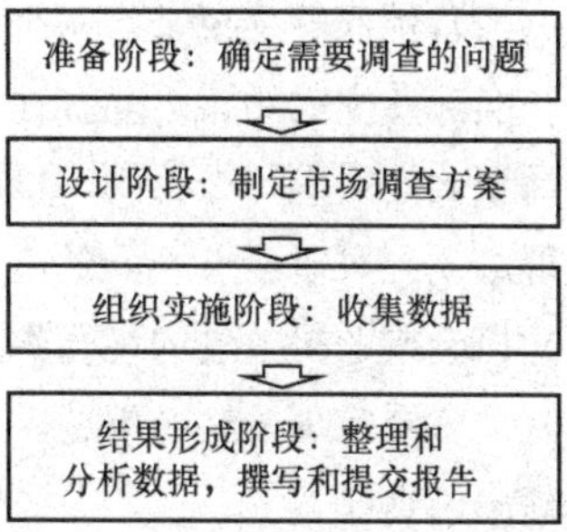

准备阶段：确定需要调查的问题

设计阶段：制定市场调查方案

组织实施阶段：收集数据

结果形成阶段：整理和分析数据，撰写和提交报告

图 2-1　市场调查的一般过程

第一个阶段是准备阶段。这一阶段的主要任务是从企业所面临的问题出发，通过对企业营销问题的考察和对内外部环境因素的分析，清楚地界定需要调查的问题，并提出市场调查的目标。

第二个阶段是设计阶段。这一阶段的主要任务是根据调查目标进行市场调查项目的总体设计，确定调查对象、调查内容、调查方法等，拟定市场调查方案，完成抽样设计和问卷设计，并制订具体的调查组织计划。

第三个阶段是组织实施阶段。这一阶段的主要工作是依据市场调查方案，组织调查人员进行实地调查，运用各种方法收集数据资料，并对调查过程进行组织、管理、监督和质量控制等，以保证调查质量。

第四个阶段是结果形成阶段。这一阶段主要对所收集的数据资料进行整理，采用定性和定量的方法对数据进行分析，形成调查结果，得出调查结论，撰写市场调查报告并将其提交给客户。

在市场调查实践中，不同调查项目的调查目的、范围、内容和要求不同，每个阶段的具体工作可能也会有所不同，但其中有些环节和步骤是必不可少的。下面针对市场调查过程中每个阶段的主要任务和具体工作步骤进行介绍。

一、确定需要调查的问题

市场调查准备阶段的主要任务是确定需要调查的问题。"清楚地界定问题，就等于问题解决了一半"。界定问题是市场调查的首要工作，因为只有清楚地界定问题，才有可能进一步解决问题。这些问题制约着市场调查方案的设计和实施过程。清楚地界定问题助于明确企业对市场调查的需求是什么以及需要通过市场调查获得哪些方面的信息，从而形成具体的调查目标。在确定了市场调查的必要性之后，清楚地界定问题可以为市场调查指明方向，如果不能很好地界定问题，后续的市场调查工作就会缺乏焦点和目标，失去意义。

确定市场调查问题的过程一般包括识别营销问题、明确营销管理问题、界定市场调查问题、形成市场调查目标等几个具体步骤，如图 2-2 所示。

图 2-2　确定市场调查问题的一般过程

1．识别营销问题

确定市场调查问题的第一步是识别可能存在的营销问题，这就涉及营销问题的来源。知道了营销问题的来源，营销问题就容易确定了，也就便于进一步界定具体的市场调查问题。

营销问题主要来自两个方面，即未达目标和机会识别。[①]未达目标是指我们期望发生的结果与实际发生的结果之间存在的差距。例如，当企业的实际销售额低于预期的销售目标时，企业需要确定采取什么行动，以缩小实际销售额与预期销售目标之间的差距。机会识别是指企业发现或找到可以创造利润的潜在的市场机会。当企业没有意识到"对企业有利的情况、取得进展的机会或取得改进的机会"时，往往就会有机会识别的需要。当出现以上情况时，企业就面临制定营销管理策略的问题。这就需要对可能存在的营销管理问题进行清晰的界定，明确营销管理问题是什么。

2．明确营销管理问题

营销管理问题是指企业在营销管理过程中面临的一系列决策问题，包括新产品的确定、产品价格的制定、销售渠道的选择等。营销管理问题是确定需要做什么的问题，是行为导向的问题，即采取什么行动才能解决问题。比如，产品销售下降时，该如何应对？

当企业管理者识别出可能存在的营销问题而未能明确营销管理问题的时候，调研人员往往需要参与营销管理问题的界定，双方通过反复沟通，共同探明营销管理问题。为了明确营销管理问题，需要对与这些问题相关的环境背景进行分析，了解行业、竞争对手、主要产品或服务、市场环境等企业内外部情况。为了明确营销管理问题，主要从企业自身的情况和条件以及企业外部环境两个方面进行考察和分析。

对企业自身的情况和条件的考察包括以下方面。

① 企业的历史资料、各种资源和面临的限制条件。具体包括：企业长期以来的经营业绩、

① [美]阿尔文·伯恩斯，罗纳德·布什. 营销调研[M]. 第 7 版. 于洪彦，金钰译. 北京：中国人民大学出版社，2015 年 5 月.

经营历史、组织结构、发展目标等；企业过去的营销方案，包括产品价格、分销和促销措施等；企业的产品和服务，包括其优势和特点等；企业面临的制约条件等。

② 企业和决策者的目标。企业的经营目标和营销目标是界定调研问题、制定市场调查目标的基础，调查人员需要与企业管理者充分沟通，理解决策者的意图和决策环境，从而确定决策所需要的信息，制定相应的调研目标。

③ 消费者和市场情况。熟悉市场的构成情况和消费者的购买行为等，也有助于加深管理者和调研人员对营销问题的理解。

对企业外部环境的分析主要包括以下方面。

① 行业分析。通过行业分析确定营销问题是与整个行业有关，还是只与该企业有关。

② 竞争者和市场分析。了解主要的竞争对手以及市场情况。

③ 宏观环境分析。了解与营销问题相关的法律环境、经济环境、文化环境、技术环境等宏观环境因素。

在明确营销管理问题的过程中，为了获取有关营销问题的详细信息，更好地界定问题，找到问题背后的原因，往往需要采用多种方法收集所需要的资料，广泛地寻求意见和帮助。所采用的方法具体包括收集二手资料、向专家咨询、与决策者交流、定性调研等。

① 收集相关的二手资料。确认营销问题时，首先需要了解与营销问题相关的环境背景，包括企业自身的经营状况、企业的产品或服务的情况、行业和竞争对手的情况、宏观环境的情况等。这些主要通过收集相关的二手资料来进行分析。二手资料，一方面来自企业外部现存的各种资料，比如行业研究报告、宏观统计数据、行业数据、市场信息等；另一方面来自企业内部营销信息系统提供的数据资料，比如企业内部的销售数据、供货商数据、消费者数据、财务数据等。

② 与决策者交流。为了更好地理解企业所面临的管理决策问题的实质，调研人员往往需要与决策者进行讨论和交流。决策者不仅对企业所面临的管理决策问题有更为直接的认识，而且对管理决策的目标、企业的组织目标以及企业自身的情况和条件等都更为了解。因此，调研人员在确定营销管理问题的过程中需要与相关的决策者进行充分的交流和沟通，把握营销管理问题的实质，从而对营销管理问题做出清晰的界定。

③ 向专家咨询。除了与决策者交流以外，向专家咨询有助于增进对营销问题的认识和理解，有助于更准确地界定营销管理问题。所咨询的专家一般是对企业和产品非常熟悉的行业专家，调研人员与他们进行非正式的交流对于理解和界定营销问题有一定的帮助。在向专家咨询前，一般需要提前做好充分的准备工作，如关于营销问题背景信息的介绍、需要咨询的问题大纲等。在咨询过程中，应根据现场访问的具体情况调整提问的顺序和方式，营造轻松的访谈氛围，从专家那里获取尽可能多的有用的见解和信息。

④ 定性调研。当通过以上方法获取的信息和资料仍不足以清晰地界定营销问题时，或者当调研人员对所要调查的问题仍然认识不清或把握不准时，还可以采用定性调研的方法来帮助理解问题及相关的影响因素。定性调研是探索问题、获得对问题的进一步理解的重要工具。定性调研所获得的资料既能够作为定量调查的补充，也能够为问题的准确界定提供新的思路和想法。实施定性调研的具体方法有深度访谈、焦点小组访谈、德尔菲法、投射法等。

3. 界定市场调查问题

当确认了营销管理问题后，还需要进一步将营销管理问题转化为具体的市场调查问题，以便明确企业对市场调查的具体需求，以及需要通过市场调查获得哪些方面的信息。

市场调查问题和管理决策问题是有区别的。管理决策问题是指企业决策者在企业经营管理中所面临的需要做出决策的问题，即针对企业面临的困境和机会提出该如何做的问题。比如，产品销售下降时应该如何应对，是否应该开发新产品，是否应该改变广告策略，是否应该提高产品的价格，等等。管理决策问题是以行动为导向的问题，往往与一系列研究问题相关。市场调查问题则是需要通过市场调查获取相关的信息来解决或回答的问题，是以信息为导向的问题。市场调查问题通常需要回答需要什么信息以及如何获取这些信息，有助于明确调查的内容和范围，指导调查顺利进行。

确定市场调查问题时，往往需要将企业的管理决策问题转化为市场调查问题，即基于企业面临的管理决策问题，确定需要收集什么样的信息和如何获取这些信息，以帮助决策者解决营销管理问题。例如，当管理决策问题定义为"开发一项新产品以扭转企业产品销售下降的趋势"时，相应的市场调查问题可能为"针对提议开发的新产品，了解消费者对该类产品的偏好和购买倾向"。市场调查问题的确定既需要企业管理人员的判断，也需要市场调查人员的参与，更多的时候需要企业管理人员与调研人员进行充分的沟通，从而对市场调查问题做出清晰的界定。

4. 形成市场调查目标

市场调查问题确定以后，接下来就可以明确具体的调查内容，确定市场调查的目标。确定市场调查的目标就是指出调查要解决哪些问题，通过调查获得哪些资料，如何利用获得的调查资料，以及提出需要检验的研究假设等。市场调查目标的制定是企业管理人员和调查研究人员在所需信息内容方面达成一致的结果，双方经过充分的沟通对于需要收集什么信息和如何收集信息达成一致，进而对调查的目的和内容做出清晰的陈述和说明。界定市场调查问题的最终结果是确定调查目标，调查目标必须尽可能地清楚和切实可行，具有可操作性。另外，还应该避免调查目标过于宽泛和过于狭窄。若调查目标过于宽泛，对问题的定义不清，则可能导致调查难以进行；若调查目标过于狭窄，则可能限制调研人员的视角，妨碍他们获得一些对于管理决策来说较为重要的信息。

二、制定市场调查方案

市场调查设计阶段的主要工作任务是设计和制定市场调查方案，就是为了实现调查目标而对调查活动进行预先的计划和安排。市场调查是一项计划性很强的工作，我们为了保证市场调查活动顺利进行，需要对市场调查活动进行预先的安排和规划。

市场调查方案是组织和实施市场调查活动的计划和依据，描述了市场调查工作的原则、策略和方法，是开展市场调查工作的蓝图和指南。市场调查方案的内容包括对调查目标、调查对象、调查方法、调查时间、调查地点、人员、进度、预算等方面的详细规划和安排。

设计和制定市场调查方案时，应考虑调查对象、调查内容、调查方法、调查时间、经费预算等方面的具体要求，对调查活动进行周密的计划和安排，并形成完整、切实可行的文字方案。设计和制定市场调查方案的一般步骤如图 2-3 所示。

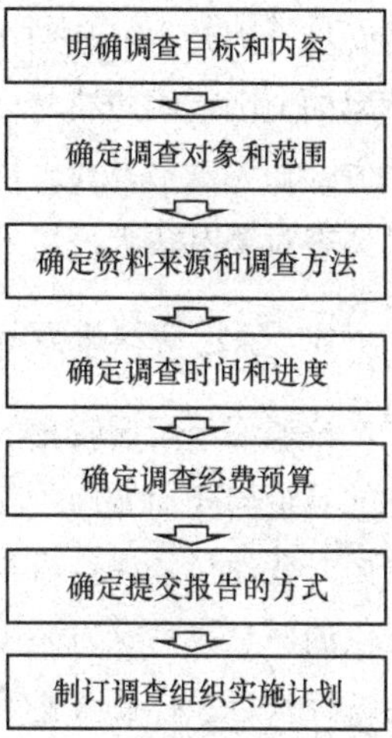

```
┌─────────────────────┐
│  明确调查目标和内容  │
└─────────────────────┘
          ⇩
┌─────────────────────┐
│  确定调查对象和范围  │
└─────────────────────┘
          ⇩
┌─────────────────────┐
│ 确定资料来源和调查方法│
└─────────────────────┘
          ⇩
┌─────────────────────┐
│  确定调查时间和进度  │
└─────────────────────┘
          ⇩
┌─────────────────────┐
│  确定调查经费预算    │
└─────────────────────┘
          ⇩
┌─────────────────────┐
│  确定提交报告的方式  │
└─────────────────────┘
          ⇩
┌─────────────────────┐
│ 制订调查组织实施计划 │
└─────────────────────┘
```

图 2-3　设计和制定市场调查
方案的一般步骤

1. 明确调查目标和内容

明确调查目标，就是要回答通过市场调查解决什么问题、获得什么信息、调查结果如何利用等问题。调查目标决定了主要的调查内容和所采用的调查方法，因此设计调查方案时首先要明确调查目标。例如，在关于某产品市场状况的调查中，调查目标拟定为：详细了解该产品的市场总量、市场占有率、竞争对手、销售渠道以及消费者行为方面的情况，为该产品制定合理的营销方案提供依据。再如，某地铁集团委托市场调查公司进行乘客满意度调查，拟定的调查目标为：评估乘客搭乘流程中的体验情况和满意度，服务于乘客体验管理，从而提升乘客的忠诚度。关于调查目标的陈述应具体、明确，不可含糊其辞。一般来讲，应该把委托者的决策目标当作服务对象。

调查内容是收集资料的依据，是为实现调查目标服务的，可根据市场调查的目标确定具体的调查内容。调查内容要全面、具体、条理清晰，我们应避免把与调查目标无关的内容列入其中。例如，对某产品的市场情况进行调查，调查内容通常包括消费者的需求、消费者的消费行为、产品、价格、渠道、促销方式、竞争对手和营销环境等方面的调查。其中，消费行为的调查内容又可以按消费者购买、使用和使用后的评价三个方面列出具体的调查项目。

2. 确定调查对象和范围

调查对象是指根据调查目标确定的调查总体或调查范围。调查总体是由具有某些相同性质的调查单位所组成的集合。调查单位是构成调查总体的每一个个体，是调查对象的每一个具体单位。调查对象和调查单位的确定解决的是向谁调查、由谁来提供数据资料的问题。

市场调查的对象一般为消费者、零售商、批发商等。零售商和批发商为销售产品的商家，消费者一般为使用该产品的消费群体。在以消费者为调查对象时，需要注意有时某些产品的购买者和实际使用者并不一致。例如，婴幼儿用品的使用者为婴幼儿，而购买者为其父母，因此该类产品的调查对象应该为婴幼儿的父母。此外，由于一些产品的消费者可能是某一特定的消费群体，此时还应注意选择这些产品的主要消费群体作为调查对象。比如，对于化妆品，其消费者以女性为主，我们在确定调查对象时主要选择女性，而且侧重年轻女性。另外，调查对象所属的地区范围应该与产品的销售范围一致。当产品的销售范围为全国时，一般采用抽样调查的方式，先选择有代表性的城市，再从中选择调查样本作为调查对象。总之，市场调查前应该对调查对象有较为严格的界定，以免界限不清而造成调查误差。

3. 确定资料来源和调查方法

市场调查所需收集的资料主要有一手资料和二手资料两大类。一手资料是为了解决某一具体的营销问题而专门收集的资料，二手资料是指现有的或者已经存在的信息资料。一手资料主要由专业性市场调查机构有计划地收集；二手资料一方面来自企业内部的数据库和营销系统所提供的信息；另一方面来自企业外部，是可以公开获得的各种信息资料，比如公开出版和发布的统计报告、行业资料等。

针对市场调查所需收集的资料，调查人员应识别不同的资料类型和来源，在此基础上确定收集资料的方法。收集二手资料时，一般采用文案调查的方法，即根据调查目的和要求通过检索或查询等方式从已经存在的各种二手资料中寻找所需要的信息。收集一手资料时，一般采用实地调查法，即调查人员根据调查目的在确定的范围内进行实地考察，直接向调查对象搜集资料。实地调查包括询问调查法、观察法和实验法。一般来说，询问调查法适用于描述性调研，观察法和实验法适用于探索性调研。文案调查法既可用于探索性调研，也可用于描述性调研。询问调查法主要利用问卷来收集资料，是收集一手资料时最为重要的调查方法。

选择和确定调查方法，就是根据调查目的和资料来源等，选择一种或几种收集资料的具体方法。收集资料的具体方法有很多种，每种调查方法各有其优点和缺点。为了选择和确定恰当的调查方法，需要了解每一种调查方法的优点、缺点以及适用范围等，并结合调查项目的实际情况（包括调查目标、调查对象、经费预算等）进行综合考虑和权衡。第三章将会对市场调查的主要方法进行详细介绍。

4. 确定调查时间和进度

确定调查时间和进度包括确定完成调查项目所需的时间、各个阶段的进度、调查实施的具体时间等。确定完成调查项目所需的时间，即规定调查项目开始和结束的时间。为了提高调查资料的时效性，应尽可能缩短完成调查项目所需的时间。调查活动的时间进度安排包括从调查方案设计到提交调查报告的整个工作进度以及各个阶段的工作进度和起始时间，其目的是使调查工作能够按时完成。在安排调查活动的时间进度时，既要考虑调查项目的时间要求，也要考虑所选择的调查方法、调查规模、复杂程度等，合理安排。安排调查实施的具体时间时，要考虑不同的调查方法、调查对象的情况等，选择最佳的调查时间，以便提高调查效率。比如，对于入户调查，最佳的调查时间是晚上和周末。相对于工作日和白天，这段时间进行入户调查的成功率更高。

5. 确定调查经费预算

设计和制定调查方案时还需预先估计调查所需要的费用，编制经费预算。市场调查经费的多少通常视调查的范围和难易程度而定。一个市场调查项目的经费预算一般包括以下方面的内容。

① 调查方案设计费。

② 抽样费用，包括抽样设计、建立抽样框和抽取样本的费用。

③ 问卷设计费。

④ 问卷印刷费。

⑤ 调查实施费用，包括预调查费、访问员培训费、交通费、访问员和督导的劳务费、礼品费和其他有关费用。

⑥ 问卷数据的审核、编码、录入费用。

⑦ 数据统计分析费用。

⑧ 调查报告撰写费用。

⑨ 固定资产折旧费和耗材费，包括房屋租金、机器和计算机软件使用费、各种耗材的使用费等。

⑩ 办公费用，包括开展调查项目所产生的各种办公费用，如会议费、专家咨询费等。

6. 确定提交报告的方式

确定市场调查报告的形式、基本内容和提交方式等。

7. 制订调查组织实施计划

调查组织实施计划是组织和实施调查活动的具体工作计划，包括各个环节的人员配备和工作目标、调查的组织管理、质量控制措施、调查人员的选择和培训等。制订调查组织实施计划的目的是确保调查活动得以顺利实施。

总之，设计和制定市场调查方案主要是确定调查目的、调查内容、调查对象、调查范围、调查方法、时间进度、调查费用、组织实施过程以及调查报告的提交等，为市场调查提供指导原则和工作方法。制定周密完整、切实可行的市场调查方案能够保证市场调查活动按预期的计划顺利进行。

除了制定市场调查方案以外，市场调查设计阶段的工作内容还应包括问卷设计、抽样设计、统计分析方法的选择等。当采用问卷调查的方式收集资料时，需要设计收集数据所使用的调查问卷。设计者必须结合调查目标合理地设计问卷的主体内容，主要包括问卷的格式、问句的设计、备选答案的设计等。问句要措辞准确、容易理解，能够获得调查人员所需的信息。第四章会对问卷的结构、问题设计和问卷设计质量评价等问题进行详细的讨论。问卷调查一般是从调查总体中抽取一部分有代表性的样本作为调查对象，这就涉及调查对象的抽取和样本容量等问题。抽样设计即从调查总体中选择基本单位作为调查样本的过程。调查目的和抽样框决定了采用什么样的抽样方案。抽样设计的好坏决定了样本的代表性，即样本在多大程度上代表总体。样本容量即从总体中抽取的有代表性的样本的数量，会影响调查结果的准确性。样本容量越大，调查结果越准确，精度越高。第五章会对抽样方法和样本容量等问题进行详细的讨论。

补充资料 2-1

北京市智慧城市及数字生活民意调查方案[①]

一、调查目的

北京市积极推进智慧城市建设，2025 年将建成全球智慧城市的标杆城市。重点领域的智慧化应用水平大幅跃升，市民数字生活应用场景必将更加丰富。为了深入了解北京市民对智慧城市建设的认知程度、使用数字手段的便捷程度以及对当前智慧城市建设的感受、评价、意见、建议，为推动首都智慧城市建设建言献策，为推进北京城市治理体系和治理能力现代化提供有力支撑，北京市统计局拟开展北京市智慧城市建设及数字生活民意调查。

二、调查内容

调查内容主要包括：居民对当前北京市在智慧城市建设中的政务服务智能化、交通服务智能化、医疗教育服务智能化、日常生活智能化、办公场景智能化等方面的感知和评价，以及对北京市智慧城市建设的意见和建议等。

三、调查对象及范围

北京市 18~75 周岁常住居民。

四、调查方法

通过电话调查方式组织实施调查。

五、组织方式

北京市统计局负责调查方案设计、组织实施、调查质量控制、数据整理汇总、调查报告撰写等工作。具体调查活动以购买服务的方式由第三方调查机构实施。

六、数据发布

本调查数据供内部使用并仅限用于统计相关目的，不对外发布。

补充资料 2-2

克里斯托银行的市场调查方案[②]

一、调查目的

本次调查的目的是分析各种与奥斯汀市消费者的信用需求有关的问题，这些消费者居住的

---

① 来自国家统计局，2021 年 11 月 10 日发布。
② ［美］戴维·阿克等. 营销调查[M]. 第 1 版. 魏立原译. 北京：中国财政经济出版社，2004：78-79.

地区都有克里斯托银行的分支机构。克里斯托银行一直致力于提高顾客满意度，并希望能通过开展一次调查进一步提高顾客满意度。调查目标包括以下方面。

1. 衡量消费者对各个金融机构提供的服务的喜恶。

2. 找出这些金融机构提供的服务中已经得到改进的地方。

3. 找出消费者最需要的贷款类型。

4. 找出不同类型的贷款重要且具有吸引力的属性。

5. 找出消费者中间最受欢迎的贷款机构属于哪些类型。

6. 识别出那些使贷款机构在消费者中间受到欢迎的重要特点。

7. 提供消费者的人口统计数据资料。

二、调查设计

本次调查将通过邮寄方式发放 300 份问卷。被调查的这些消费者居住在克里斯托银行在奥斯汀地区的 15 个分支机构所服务的区域。调查问题覆盖的范围广泛，其中包括以下内容。

1. 找出消费者使用的各类账户，无论该消费者对服务满意与否。

2. 了解受访者在未来 12 个月里申请某一类型的贷款的可能性。

3. 确定受访者认为重要的贷款申请表和贷款偿还方式的特点。

4. 找出出借机构的特点中能影响受访者选择的那些特点。

5. 设法获取受访者的人口统计特征和生活方式信息。

三、调查问题举例

1. 您现在是否与某些金融机构有业务往来？

　（1）是　　　　　　　（2）否

2. 如果回答"是"，那么你选择的是哪些类型的金融机构？（请选出所有合适的选项。）

　（1）存款和贷款　　　（2）银行　　　　　　（3）信用联盟　　　（4）其他（请指明）

3. 在过去五年里，您申请过贷款吗？

　（1）是　　　　　　　（2）否

4. 如果回答"是"，那么您在哪里申请贷款？（请选出所有合适的选项。）

　（1）信用联盟　　　（2）抵押贷款银行　　　（3）银行　　　　　（4）其他（请指明）

5. 您申请的是哪些类型的贷款？（请选出所有合适的选项。）

（1）购买住宅　　　（2）购买汽车　　　（3）住宅维修/改建

（4）教育　　　　　（5）购买大家电　　（6）个人　　　　（7）其他（请指明）

6. 按照重要性，对下列可能在申请贷款时会影响您是否选择出借机构的因素进行排序，把最重要的因素排在第一位。

（1）机构名声　　　（2）机构所在地　　（3）目前你与该机构的关系

（4）该机构所提供服务的层次　　　　　（5）其他（请指明）

四、样本选择

本调查项目所采用的取样方法为分层抽样法，这种方法被广泛地应用在同类调查中。分层抽样法能保证从消费者中取出的样本可以代表居住在克里斯托银行的 15 个分支机构附近的人口。邮寄名单的质量将决定分层抽样法能否成功实施。

五、数据收集

将通过电话调查的方式来收集信息。

六、统计分析

根据回复的类型，将采用适当的统计方进行统计推断。考虑到将要采用的衡量尺度类型，这一分析的很大一部分将集中在频率、相对频率和交叉制表上。

七、项目报告

将呈交一份书面报告，并由我公司就调查发现做口头陈述。

八、项目成本和时间表

本项目在克里斯托银行将调查要求交给我公司之后的 12 周内完成。然而，先决条件是数据资料收集工作能在 4 周内完成。项目的开支预计为 1 万美元整。

三、收集数据

市场调查在组织实施阶段的主要工作是依据市场调查方案的内容，组织调查人员进行实地调查，运用各种方法收集数据资料，并对调查过程进行管理、组织、监督和质量控制等，以保证调查质量。

数据收集就是按调查设计的要求，组织调查人员深入实际，系统地收集各种数据资料。数据收集方式包括自填式、问答式和混合式三种。[①]自填式是指受访者在没有访问员协助的情况下自行完成问卷的填写。邮寄调查、留置调查、网络问卷调查等都属于这种方式。自填式的优点

---

① 简明，金进勇，蒋妍，王维敏. 市场调查方法与技术[M]. 第 4 版. 北京：中国人民大学出版社. 2018 年 8 月：20-21.

是不需要访问员到调查现场,调查费用相对较低,受访者可以选择合适的时间完成问卷的填写;缺点是对受访者的文化素养的要求较高,再加上缺乏访问员的指导,受访者不一定能正确理解问卷中的问题。另外,由于是自愿填答,调查的回答率较低。问答式是指在现场调查中,访问员按照问卷中的问题提问,并记录受访者回答的内容。电话调查、面访调查都属于这种方式。问答式的优点是:访问员可以对问卷中的问题进行解释,有助于受访者对调查内容的理解,从而提高回答率;访问员还可以对调查时间、调查过程进行控制,从而提高数据收集的效率。这种方式的缺点是:调查成本相对较高,涉及人员、场地、设备、交通等方面的费用;调查质量在较大程度上取决于访问员的工作态度和责任心等,质量控制有一定的难度。混合式是指将多项调查内容混合在一张问卷中,问卷由不同部分组成,每部分处理不同的主题,调查费用由客户按收集和处理数据的多少进行分摊。这种方式的优点是可以节省调查费用,缺点是调查问卷的篇幅较大,包含不同的主题,容易引起受访者的反感。

数据收集是市场调查的执行环节,也是花费人力和财力最多的环节,执行的好坏直接影响调查结果的准确性。为了提高所收集的数据的质量,调查人员需要对数据收集的过程进行把控:一方面做好实地调查的各项组织和准备工作,如访问员的组织和培训、调查所需资料和物品的准备等;另一方面做好实地调查的协调控制工作,及时掌握实地调查工作的进度,对调查现场进行检查,及时发现和解决调查中存在的问题。第六章会对现场调查的准备、实施、管理和质量评估进行详细的讨论。

随着互联网的普及,网络调查方法近年来发展迅速,成为最常用的市场调查方法之一。网络问卷调查是指以互联网为中介,利用网络问卷进行调查和收集数据资料。网络问卷调查一般有两种数据收集方式:一种借助电子邮件地址清单发送问卷并要求受访者回答;另一种利用网络在线调查系统,将问卷放在网络调查平台上,由受访者自愿填写,或将问卷链接发送给受访者填写。网络问卷调查的组织和实施十分便捷,可以省略访问员的招募和培训、问卷印刷、数据录入和统计分析等环节。网络问卷调查的实施步骤和传统问卷调查有一定的差别。网络问卷调查中的误差产生于网络问卷调查的各个阶段,相应的质量控制也贯穿于网络问卷调查的各个环节。第六章会对网络问卷调查的实施步骤与质量控制进行详细的讨论。

四、形成市场调查结果

这一阶段的主要任务是对所收集的数据资料进行整理,并采用定性和定量方法对数据资料进行分析,得到调查结果,形成调查结论,撰写市场调查报告并向客户汇报。

1. 数据整理

在数据收集完成后,应对所收集的各种数据资料进行全面的检查和核对,去粗取精,去伪存真,由表及里,由此及彼,以保证数据资料的真实、准确和完整,符合数据分析的要求。数据整理是数据分析工作顺利进行的重要基础,是整个调查过程中不可忽视的重要步骤。

数据整理过程一般包括以下几个步骤。

第一步，初步审核。对于所收集的数据资料，主要从准确性和完整性两方面进行审核。准确性审核主要检查数据有无差错，是否存在异常值；完整性审核主要检查问卷中各项目的填写是否齐全，问卷是否没有回答的情况。在初步审核阶段，要逐份审核所收集的问卷，检查问卷填写的准确性、完整性和及时性等，剔除无效问卷，并对问卷进行统一编号。

第二步，进行编码。对问卷进行审核和编辑校正之后，还需要将问卷信息转化为统一设计的计算机可识别的代码。编码就是给每一个问题的每一种答案赋予一个数值代码，以便数据录入、处理和分析。

第三步，录入数据。将经过编码以后的问卷信息录入到计算机里，便于进行统计分析。对于计算机辅助调查和网络问卷调查，数据收集和录入可以同时进行。面访调查、邮寄调查等线下问卷调查方式仍然需要录入数据。

第四步，二次审核。将数据录入计算机后需要再次审核，以检查有无录入错误，有无缺失值和极端值等。数据录入后的再次审核主要是通过计算机进行的。

第五步，数据预处理。这项工作主要包括缺失数据处理、权数调整和数据转换。缺失数据处理主要解决审核过程中检查出来的数据缺失问题。权数调整是指通过加权方式处理调查过程中的无回答情况，以及通过加权获得对样本量的无偏估计。数据转换是指在统计分析数据之前，常常需要根据研究分析的需要重新对原始数据进行分类，或对现有的变量进行修改或重新定义。第七章会对数据资料整理的具体步骤进行详细的讨论。

2. 数据分析

市场调查资料的分析方法可以分为定量分析法和定性分析法两大类。

定性分析法是指人们根据事实，运用经验、判断能力、逻辑思维方法和相关专业理论，对有关现象进行判断、归纳、推理和概括，得出对事物的本质性和规律性认识。定性分析法包括归纳分析法、演绎分析法、比较分析法、因果分析法、结构与功能分析法等。

定量分析法就是指对调查数据进行数学和统计处理分析。根据调查目的的不同，可以将数据统计分析方法分为描述统计分析和推断统计分析两大类。描述统计分析着重于对数量水平或其他特征的描述，以反映现象的数量特征和数量关系。推断统计分析是根据样本数据推断总体的某一特征，其结果主要用于推断总体、预测趋势、揭示原因和检验理论等。根据统计分析所涉及的变量的多少，还可以将统计分析方法分为单变量统计分析、双变量统计分析和多变量统计分析。单变量统计分析主要对某一变量的数量水平或其他特征进行描述，或对总体进行推断。双变量统计分析主要分析两个变量之间的关系。多变量统计分析即分析多个变量之间的关系。

市场调查中常用的统计分析方法有以下几种。

① 描述统计。对与调查总体相关的数据进行简单的描述性统计，描述现象的集中趋势和离散趋势等。描述性统计的常用指标有平均值、众数、中位数、标准差等。描述性统计的结果一般用图形（比如饼状图、条形图等）来表示。描述统计是其他统计方法的基础，也是最常用的

统计分析方法。

② 参数估计。利用概率样本中的信息，在一定的把握下，推断总体参数的置信区间。

③ 列联表分析。将两个或两个以上的变量按照一定的顺序对应排列在一张表中，通过两个或两个以上的变量的交叉列联表来描述和分析变量的相关关系。

④ 相关和回归分析。相关分析主要分析现象之间是否存在某种依存关系，并分析这种依存关系的方向和强弱程度。回归分析就是将两个或两个以上的变量之间的变动关系加以模型化，用一个或几个变量来预测另一个变量的变化。

⑤ 多元统计分析。这里是指对多个变量进行分析，常用的方法有聚类分析、因子分析、判别分析等。

对于问卷调查的结果，一般使用专门的统计工具和软件进行数据统计分析，并以图表的形式输出调查结果。数据统计分析可以采用专业统计软件，如 SPSS、SAS。Microsoft Excel 也具有简单的数据统计分析功能。第八章将会对描述性统计分析、推断统计分析和几种常用的多元统计分析方法进行详细的介绍。

3. 撰写和提交市场调查报告

市场调查的最后一个步骤是撰写市场调查报告并将其提交给客户。市场调查工作的成果集中体现在最后的市场调查报告中。市场调查报告将提交给企业管理者，作为企业制定市场营销策略的依据。市场调查报告能够帮助客户了解市场情况和分析有关问题，为客户进行经营决策提供必要的依据。

市场调查报告的基本结构一般包括封面、目录、摘要、正文和附录几个部分。封面应包含市场调查报告的标题、调查的委托者和执行者、调查时间等基本信息。目录用于检索调查报告全文，应列出各部分的标题和对应的页码。摘要是对调查报告全文的高度提炼和概括，一般通过较短的篇幅传达最重要的信息，便于读者在较短的时间内大致了解调查报告的主要结论和核心观点。正文是调查报告的主体，主要包括调查结果和结论建议两大部分的内容。一般用图表的形式来呈现数据统计的结果，对变量间的关系、发展趋势等加以描述和分析，在对所收集的调查资料和数据进行分析、归纳的基础上提炼调查结果。然后，根据调查结果分析问题，得出结论，提出解决问题的建议、对策和方案等。附录是与正文有关的必须加以说明的相关资料，一般包含调查问卷、访谈大纲、原始资料、背景资料、参考文献以及其他相关的补充资料等。

撰写市场调查报告时要采用标准格式，做到结构严谨、条理清晰。市场调查报告在内容上应该真实准确，以事实为依据，符合客观性原则；在语言表述上应严谨、简明、通俗易懂。市场调查报告的阅读者主要是企业的管理者，其内容和形式应尽量符合客户的阅读习惯，借助图表呈现调查结果，为客户提出有建设性的意见和建议等。

最后，调查人员向客户口头汇报市场调查过程，展示市场调查的结果。口头报告要求简洁生动、重点突出、真实可信，并对客户提出的问题做出回答和解释。

补充资料 2-3

专项调研的基本流程

市场调研分为三大类：针对媒介的研究、针对零售的研究和专项研究。媒介和零售研究机构（数据服务型调查公司）依据每年投入的费用进行数据的收集整理和报告分析，之后再把报告的内容分割、销售给不同的客户。专业或专项研究机构（专项市场调查公司）则是根据客户的不同目的及要求，专门设计项目，为客户量体裁衣制定方案。专项调研的技术含量高，在调研行业中的竞争也最激烈。专项调研的基本流程分为以下四个步骤。

1. 项目咨询。对于在营销中遇到的问题（如新产品开发或广告投放中的问题）或其他不明晰的决策，客户请专业调查公司针对研究目标确定研究方案。调查公司通过面谈、电子邮件等沟通方式，确定整个项目的研究内容，并在此基础上提交项目计划书。

2. 确定目标。双方确定了研究方法、调研时间、费用、操作流程之后，进入数据收集环节。该环节最主要的工作是数据收集及整个流程的管理，会涉及诸多细节。完成了数据收集后，进入数据处理环节。无论是定性数据还是定量数据，专业调查公司都有专门的工具、软件、方法对数据进行进一步的加工分析。

3. 提交报告。调研报告做完后，应及时提交给客户。有什么样的发现，对提出的问题有什么样的结论，建议客户下一步应该怎样做……这些是下一步的任务。

4. 密切接触客户。随着调研的不断推进，调查公司的建议显得越发重要，自然会受到客户的重视。客户会邀请调查公司为企业做一些培训，提供一些会议内容的支持，提供头脑风暴的素材。

最终，客户会与调查公司结成战略合作伙伴。

（资料来源：梁弘. 市场调研的商业玄机. 销售与市场[J]. 2013.08. 在原文的基础上稍有改动。）

思考题

1. 市场调查的过程分为几个阶段，每个阶段的工作任务是什么？

2. 如何确定市场调查问题？

3. 市场调查方案的主要内容有哪些？

第三章

市场调查方法

市场调查中很重要的一个步骤是选择调查方法，即确定收集资料的具体方法。市场调查资料可以分为一手资料和二手资料。资料类型不同，收集资料所采用的方法也不同。收集二手资料时一般采用文案调查法，即根据调查目的和要求通过检索或查询从已经存在的各种二手资料中寻找所需要的信息。收集一手资料时一般采用实地调查法，即调查人员根据调查目的在确定的范围内进行实地考察，直接向受访者收集资料。实地调查包括询问法、观察法和实验法，如图 3-1 所示。询问法是指按照调查项目的要求，采用小组访谈、深度访谈、问卷调查等多种方式收集所需资料。其中，问卷调查法又包括入户访问、街头拦截访问、电话访问、邮寄访问、留置问卷调查等。

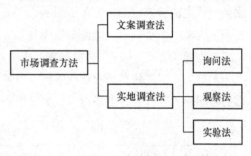

图 3-1　市场调查方法

本章主要介绍文案调查法、问卷调查法、观察法和实验法等几种调查方法。第四章将对定性调查的主要方法进行详细的介绍。

一、文案调查

文案调查是指利用企业内外部现有的各种信息和情报资料，对调查内容进行研究，也称间接调查法、室内调查法、桌面调查法。文案调查中收集的资料是已经存在的各种数据、资料和信息，属于二手资料。与文案调查相对的是实地调查，即调查人员深入现场和实际，收集一手资料和数据，以实现调查目标。文案调查是实地调查的基础，能够为实地调查提供大量的背景资料，为发现和界定市场营销问题提供参考依据。

1．一手资料和二手资料

市场调查所收集的资料分为一手资料和二手资料两种类型。

一手资料又称为原始资料，是调查人员为了某一特定目的而专门调查、直接获取的数据资料。或者说，一手资料是调查人员基于当前的研究项目而专门收集的原始资料。当已有的或现存的资料无法满足研究项目的要求时，研究人员不得不专门收集所谓的一手资料。比如，为了测定某广告的实际效果，研究人员需要专门进行广告效果调查，根据调查目的设计广告效果调查方案，并根据调查方案采用适当的调查方法。一手资料的收集涉及调查过程的所有步骤，需要按计划系统性地进行。

二手资料是指已经存在的各种数据、资料和信息。也就是说，二手资料指的是那些并非为正在进行的研究项目而存在的数据资料。调查人员通常可以快速、低成本地获得这些数据资料。二手资料广泛地存在于企业内外部的各种资料来源渠道中，比如企业内部的数据库、企业外部的数据库、行业数据、统计报告、图书资料、媒介报道、宣传资料等。

一手资料和二手资料一般以"是否已经存在"作为划分标准，那些已经存在的资料都属于二手资料，那些需要基于当前的研究目的专门去收集的、还未存在的资料则属于一手资料。一手资料和二手资料在收集目的、收集的复杂程度、收集成本和收集时间等方面都存在很大的区别，主要体现在以下方面。第一，从资料收集目的看，一手资料主要服务于当前的研究项目，服务于特定的研究目的；二手资料是为了其他目的已经收集起来的资料。第二，从资料收集的复杂程度看，一手资料收集起来较为复杂，一般需要按计划系统性地进行收集；二手资料收集起来较为简单方便。第三，从资料收集成本看，一手资料的收集成本高，需要花费较多的人力、物力和财力；二手资料的收集成本低，花费较少。第四，从资料收集时间看，收集一手资料所需的时间相对较长，速度较慢；收集二手资料所需的时间较短，速度较快，如表3-1所示。

表3-1　　　　　　　　　　　　　　　　一手资料和二手资料的比较

比较项目	收集目的	收集的复杂程度	收集成本	收集时间
一手资料	当前项目	复杂	高	长
二手资料	其他目的	简单	低	短

2．二手资料的来源

二手资料的来源有两方面：一是企业内部的数据资料，二是企业外部的各种资料信息。

（1）企业内部的数据资料

企业内部的数据资料一般由企业内部的相关部门（比如信息情报部门、财务部门、会计部门等）提供。企业内部的数据资料主要包括企业经营活动的各种记录，涉及企业内部的业务资料、数据情报资料、财务统计资料以及其他资料。

企业内部的业务资料是指与企业的经营活动相关的各种资料，如订货单、进货单、发货单、合同文本、发票、销售记录、业务员访问报告等。

企业内部的数据情报资料主要包括企业的营销信息系统和数据库提供的数据。这是企业内部资料的重要来源，包括消费者、销售量、供货商等方面的数据。这类数据的来源分为线上和线下两种渠道。比如，零售企业在销售过程中收集的线下数据包括消费者数据、销售量数据以及供货商数据库等，企业通过线上渠道可以收集的数据包括商品销售数据、消费者数据、浏览数据、支付数据等。这些数据对于企业的经营管理和经营决策有重要意义，能够为管理者制定相关策略提供基本依据。

企业内部的财务和统计资料主要包括企业内部的各类统计报表和统计分析资料等，以及由财务部门提供的各种财务、会计核算和分析资料，包括生产成本、销售成本、商品价格及经营利润等数据。

除以上资料以外，其他来自企业内部的数据资料还包括日常简报、经验总结、顾客建议和意见、各种调研报告、同业卷宗、有关照片和录像等与企业经营活动有关的资料。

（2）企业外部的各种信息资料

企业外部的各种信息资料是指来自企业外部的各种数据、资料和信息，比如公开发布和出版的统计数据、报告、年鉴、图书，以及各种计算机数据库、辛迪加数据库、因特网上的资料等。企业外部资料的来源很广，主要来源包括政府机构、行业协会和团体、调查机构、媒介渠道以及展览展会等。

政府机构包括中央和地方的各级政府机构。政府机构提供的数据主要有两类：一类是人口统计数据，包括人口总数、年龄分布、地区分布等；另一类是各行业的经济活动数据。国家统计部门与地方的各级各类政府主管部门公布的有关统计数据、报告等能够为企业了解市场环境、制定相关策略提供重要的参考。比如，国家统计局定期发布的统计数据和出版的《中国统计年鉴》对于企业制定相关的策略具有重要的参考价值。

除了政府机构以外，各种信息中心、行业协会等也会定期发布一些行业数据、趋势分析报告以及其他相关的市场信息和资料。各种信息中心提供的信息对于企业了解相关领域的情况具有重要意义。比如，中国互联网络信息中心定期发布的《中国互联网络发展状况统计报告》对于企业了解和把握中国网民的规模、构成和网络使用行为等具有重要的参考价值。各行业协会提供的行业数据对于企业了解和把握行业信息也具有重要的参考价值。

调查机构包括各种信息咨询机构、专业性调查机构等。各种非官方的信息咨询机构和专业调查机构提供的各类统计数据和商业数据是企业外部资料的重要来源，其中有的是收费的，有的是免费的。收费数据包括专业调查公司、数据服务公司提供的行业数据、收视率数据、媒介监测数据等。

媒介渠道包括各种类型的传播媒介，如图书、报纸、杂志、电视、广播、互联网等。媒介渠道传播的信息包含有关市场的信息资料，可以为企业了解市场信息提供一定的参考和帮助。互联网作为新型电子传播媒介是研究者获取企业外部资料的重要渠道。研究者可以通过企业的官方网站、品牌社区获取数据，也可以通过互联网获得相关主题的信息等。

此外，各种展览、展会以及学术研讨会等也是研究者获取企业外部资料的重要渠道。国内外的各种展览、展会、交易会、订货会等往往会发放大量和产品相关的宣传资料，比如商品目录、样品、产品说明书、宣传资料、专利资料及商品价目表等。各种专业性、学术性的研讨会、经验交流会所发放的文件、材料也可能是重要的参考资料。

3．收集二手资料的方法

具体来说，收集二手资料主要有两种方式：一种方式是采用系统的检索方法来查询所需要的二手资料，另一种方式是通过不同渠道和机构获取所需要的二手资料。

系统检索的主要方式包括互联网搜索、数据库查询、书籍检索、期刊检索、名录检索等。互联网搜索即利用互联网搜索引擎进行查询和检索，主要包括主题分类检索和关键词检索两种方式。数据库查询即利用各类数据库的检索功能进行查询，行业数据库、学术期刊数据库等都可以实现主题和关键词检索。书籍检索需要利用有关图书的检索工具，包括书目卡片、《全国总书目》等。期刊检索需要利用有关期刊与报纸文献的检索工具，包括《全国报刊索引》、中国人民大学复印报刊资料库等。此外，还可以利用各种名录（如工商企业名录、世界非物质文化遗产名录等）进行检索。

二手资料的来源渠道包括政府机构、商业研究机构、行业机构以及其他社会机构。中央和地方各级政府机构发布的各类统计数据、报告、信息是获取二手资料的重要渠道，其中包括普查资料、定期发布的统计数据、定期出版物等。普查资料包括中国人口普查数据等，定期出版物包括《中国统计年鉴》《中国发展报告》《中国农村统计年鉴》《中国工业经济统计年鉴》《中国第三产业年鉴》《中国科技统计年鉴》《中国高技术产业统计年鉴》《中国连锁零售业统计年鉴》《中国城市（镇）生活与价格年鉴》《中国商品交易市场统计年鉴》等。商业研究机构包括专业市场调研公司、专业咨询公司和数据服务公司，这些机构提供大量的行业数据和商业数据。行业机构主要是指行业协会和团体，这些机构是行业内部信息的主要来源，发行有各种专业杂志、行业及贸易协会出版物等。其他社会机构包括大学、研究所、图书馆、上市公司等，这些机构发布的研究报告、专题报告、年报以及馆藏资料等也是二手资料的重要来源。

4．二手资料的评估

采用文案调查法收集二手资料简便易行、省时省力，这种方法常被看作市场调查的首选方法。但二手资料的来源广泛，各种资料来源渠道在权威性和准确性上存在差别，导致所获取的二手资料在准确性、相关性等方面不一定能够满足研究者的需要。因此，对于收集到的各种二手资料，研究者在使用前一定要进行评估，判断其是否准确可靠，是否能够满足研究需要。具体来说，可以从以下几个方面对二手资料进行评估。

首先，评估数据资料的提供者，即判断和评估数据资料的提供者或提供机构是否具有权威性。一般来说，来自政府机构、行业协会、专业调研机构的数据资料的可信度高，尤其是中央和地方各级政府机构发布的数据和信息的权威性与准确性都很高。行业协会和专业调研机构提供的行业数据、行业报告等也较为准确可靠。数据资料的提供者是否具有权威性在很大程度上决定了数据资料是否可信，能否令人信服。

其次，评估数据资料收集的时间，即判断和评估所收集的数据资料是否具有时效性。数据资料收集的时间越近，则其时效性越强；时间越远，则其时效性越弱。对于研究者来说，数据资料的时效性越强往往意味着数据资料与研究问题的相关性越强，对于做出判断和解决现实问题的参考价值就越大。

再次，评估数据资料的来源和收集方法，即评估数据资料的来源是否可靠，收集方法是否合理。数据资料的来源广泛，除了各种机构提供的以外，还包括各类媒介和宣传资料等，这些非权威机构发布和传播的资料和数据需要研究者仔细鉴别，判断其是否可靠。另外，数据资料的收集方法是否合理也是研究者在使用二手资料之前需要考虑的方面。数据资料的收集方法不合理，其准确性就会受到质疑。

最后，评估数据资料的内容，即评估所收集的数据资料的内容是否准确，与其他信息是否一致。研究者在利用二手资料之前一定要考虑资料内容的准确性。为了保证数据资料的内容准确，一方面可以将其和其他信息进行对照，二者一致时其准确性高，二者不一致时研究者需要对其内容的准确性进行核实；另一方面应尽量利用最原始的数据资料，即找到数据资料的最初来源，这样的资料往往比转引的资料更全面、详细。

5. 文案调查的作用

文案调查法是收集二手资料的重要手段，能够提供企业进行经营决策所需要的大量信息，为实地调查提供大量的经验和背景资料。具体来说，文案调查对于企业的经营决策和市场调查活动具有以下作用。

（1）提供企业进行经营决策所需的各类信息

文案调查可以收集大量的市场信息，这些市场信息可以辅助企业管理者制定市场经营策略。例如，企业管理者可以利用文案调查收集的各种市场动态信息来观察市场的发展方向，进行市场供求趋势的分析；利用影响行业发展的政治、经济、法律、技术、文化等方面的相关信息，进行企业外部营销环境的分析。再如，企业管理者根据企业内外部的各种现有资料，可以估算出该企业的某种产品的销售量占该类产品市场销售总量的比例，以了解和分析该企业所处的市场地位。

（2）有助于发现潜在的市场机会、问题和困难

文案调查所收集的二手资料还有助于企业管理者寻找和发现潜在的市场机会。例如，超市管理人员通过二手资料了解到有大量年轻的单身者涌入超市，由此发现针对年轻单身人群的潜在市场机会。文案调查所收集的二手资料还能揭示企业经营中潜在的危险和可能存在的问题。例如，调查人员在进行一项针对某种药品的满意度的研究时，通过查阅同类药品的调研资料发现采用电话调查时的拒访率很高。针对这一可能存在的问题，调查人员将原定的电话调查方式改为邮寄问卷调查的方式，避免了可能出现的高拒访率。

（3）为原始数据的收集提供先决条件

文案调查所收集的二手资料作为基础性资料，有助于研究者更好地理解问题，发现问题背后的原因，从而更准确地定义所研究的问题；还能够为研究者拟定研究框架、设计市场调查方

案、设计调查问卷等提供参考资料，从而为原始数据的收集提供先决条件。比如，在市场调查的设计阶段，事先进行文案调查不仅有助于清晰地界定问题和拟定研究框架，而且通过文案调查获得的关于调查对象的性质、特点、范围等相关背景资料以及有关市场宏观环境的分析等方面的资料能够为设计调查方案和调查问卷等提供基础性资料。

（4）提供实地调查无法得到的某些资料

采用文案调查法收集二手资料不受时间和空间的限制，可以获得大量的历史资料和不同地理空间的资料。因此，那些实地调查无法获得的历史资料以及由于空间限制无法获取的外部环境资料都可以通过文案调查来获得。例如，当我们需要了解某种产品的全国性市场环境或国际性市场环境时，由于空间距离的原因，实地调查需要投入相当大的人力、物力和财力，而采用文案调查法收集已经存在的和该产品有关的市场环境信息，则可以节省大量的时间和金钱。

6. 文案调查法的优缺点及应用

与询问法、实验法和观察法等实地调查方法相比，文案调查法的主要优点是省时省力、不受时空限制。

① 收集资料的成本低。通过询问法、实验法和观察法等能够获得一手资料，为研究者提供最准确、最及时、最直接的信息，但需要较大的人力和物力投入，调查成本高。通过文案调查法能够收集大量和调查主题有关的二手资料，不需要进行实地调查，调查成本低。因此，文案调查法通常被视为市场调查的首选方法，只有当所收集的二手资料不足以解决问题时一般才进行实地调查。

② 收集资料所需的时间短。与问卷调查、深度访谈、小组访谈和观察法等调查方法相比，文案调查不需要深入现场进行实地调查，只需要寻找各种二手资料的来源渠道，而且可以利用各种检索工具实现主题检索和分类检索等，从而提高获取资料的效率，缩短收集资料所用的时间。因此，在收集资料所需要的时间上，文案调查也具有很大的优势。

③ 收集资料不受时空限制。文案调查法不需要深入现场进行实地调查就可以获得大量的文字、图片、录音、视频等不同形式的二手资料，尤其是可以获得很多通过实地调查难以获得的历史资料。因此，相对于实地调查，通过文案调查收集二手资料所受到的时间和空间上的限制更少，收集资料更为灵活和方便。

文案调查法的缺点主要体现在所收集的二手资料的时效性和相关性不强，可靠性不高。

① 时效性不强。文案调查所收集的二手资料的时效性较弱，一般难以反映现实中正在发生的新情况、新问题。因此，研究者在利用这类二手资料时会较多地依赖历史资料。为了弥补时效性方面的不足，研究者应该考虑在二手资料的基础上，结合实地调查收集必要的一手资料。

② 相关性不强，文案调查所收集的二手资料与研究者的调查目的往往不吻合，对解决问题不完全适用。由于二手资料不是专门为研究者需要解决的问题而收集的，而是为其他目的而收集的，这就不可避免地造成二手资料与项目要求的数据资料在很多方面不一致，不能完全满足

研究者的需要。

③ 可靠性不高。文案调查所收集的二手资料来源广泛，有的资料来源缺乏权威性，导致有些二手资料的准确度低，可信度不高。因此，研究者在利用二手资料之前应当进行全面的评估，明确二手资料的来源、收集时间、收集方法等，并且在使用时对其可用性加以评价或说明。

文案调查可以帮助研究者在较短的时间内获取大量的市场信息，降低收集资料的成本，缩短收集资料所需的时间，省时省力，简便易行，可以作为一种独立的调查方法来运用。一般只有当现有资料不足以解决所调查的问题时，才进行实地调查。

在市场调查实践中，文案调查法往往和其他调查方法结合在一起使用，文案调查和实地调查所收集的资料互相补充。文案调查所收集的二手资料可以为开展实地调查提供前期的基础性和背景性资料，帮助研究者更好地理解问题、定义问题，拟定问题的研究框架，恰当地阐述研究设计。文案调查也能够在实地调查之后作为一手资料的补充，帮助研究者回答特定的研究问题，更深刻地理解原始数据，解释某些现象发生的原因，等等。

二、问卷调查

问卷调查，即利用调查问卷，从总体中抽取样本作为调查对象，以获取所需要的信息。问卷调查法是收集原始资料时最主要的方法。按照数据收集方式，问卷调查可以分为面访调查、电话调查、邮寄调查、留置调查、网络问卷调查等，如图 3-2 所示。

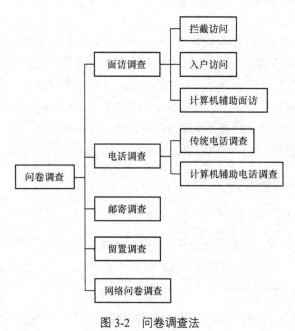

图 3-2　问卷调查法

1. 面访调查

面访调查也就是人员访问调查，它是指调查人员在面对面接触的情况下，利用调查问卷向受访者询问某些问题，记录受访者的回答情况，以收集所需要的信息。在面访调查中，调查人员与受访者面对面接触，是一种比较直接的调查方法。

（1）面访调查的分类

面访调查按照访问形式的不同，分为入户访问、拦截访问和计算机辅助面访三种。

入户访问是指调查人员按照抽样方案和抽样原则选取受访者，然后到受访者家中，按照问卷进行面对面的访问。入户访问在受访者家中进行，访问时间较长，适用于比较复杂的调查项目，并且可以展示图片、产品实物、样品等。调查人员还可以观察受访者家中产品的实际使用情况。入户访问时按照抽样方案和抽样原则选取调查对象，可以实现随机抽样，以保证样本的代表性。但近年来随着住户安全意识的增强，调查人员入户访问的难度也大大增加，导致入户访问的拒访率较高，因此目前入户访问在市场调查中的应用较少。

拦截访问一般分为街头拦截访问和中心地访问两种方式。街头拦截访问是指调查人员在街头、商业区等公共场所拦截符合要求的受访者，在现场按照问卷进行简短的面访。街头拦截访问无须租用场地，而是在拦截现场进行简短的面访，访问时间一般较短，但现场质量控制的难度较大。中心地访问是拦截访问的一种常用方式，是指调查人员在商业区等人流量较大的公共场所拦截符合要求的受访者，然后将其带到附近事先安排好的房间或固定场所内进行面访。中心地访问在固定的场所进行，访问时间较长，适用于需要展示实物、播放广告、提供辅助材料的情况（如测试产品包装、测试产品的口味、测试广告效果等），现场质量控制的难度小于街头拦截访问。

计算机辅助面访（Computer Assisted Personal Interviewing，CAPI）是一种将面访调查与计算机技术相结合的调查方式，其具体执行方式是由调查人员带着笔记本计算机进行入户访问或街访。进行计算机辅助面访时，调查人员依据计算机屏幕上显示的问卷问题进行提问，并当场将受访者的回答输入到计算机中，从而获得调查所需要的数据。有时为了保护受访者的隐私，也可以不通过调查人员而由受访者直接将回答的内容输入计算机中。当访问结束后，调查人员通过互联网将问卷调查结果传回调查机构，调查机构可在接收到调查结果后立刻进行结果分析。

（2）面访调查的优点和缺点

面访调查主要有以下优点。

① 便于控制调查质量。由于面访调查是在面对面的情况下进行的，调查人员与受访者直接接触，可以观察受访者的反应，根据受访者的反应调整提问方式、询问语气，控制提问顺序，进行追问，从而提高回答率。

② 样本的代表性高。相对于邮寄调查、电话调查等方式，面访调查时样本的选择范围更广，问卷回收率高，因此可以较为严格地按照抽样方案来选取样本，从而保证样本的代表性。

③ 适合调查较为复杂的问题。面访调查时，访问时间相对较长，可以对一些复杂的问题做深入询问，还可以向受访者展示实物、图片等辅助资料。在调查过程中，调查人员可以对受访

者的疑问做出解释，从而减小受访者由于对所调查问题的理解有误而导致的误差。

面访调查也有一些明显的缺点。首先，面访调查的成本相对较高，需要花费较多的时间和金钱，动用较多的人力和物力。其次，面访调查对调查人员的要求较高，调查前需要进行专门的培训。再次，面访调查的管理和控制难度较大。在调查过程中，对调查人员的监督和管理较为困难，对调查人员的欺骗和作弊行为很难完全控制。另外，面访调查容易产生询问偏见。因为是面对面提问，调查人员的态度、询问方式、询问语气等都不可避免地对受访者的回答产生一定的影响，从而产生询问偏见。

（3）面访调查的应用

面访调查通过与受访者直接接触的方式收集资料，可以获得比较详尽和精确的信息，比较适合用于较为烦琐和复杂问题的调查，比如产品测试、广告效果测试、消费者满意度调查等。面访调查在应用过程中能够体现调查的深度和广度，同时具有非常强的直接性和灵活性，所获得的调查结果也比较准确，而且调查人员可以通过一定的技巧来获得受访者的回答，从而提高访问的成功率。

面访调查在应用中需要耗费较高的费用和较长的时间，调查成本高，而且对调查人员的个人素质的要求较高，对调查人员的管理也比较困难。另外，气候、调查时间以及受访问者的心态和情绪都会对访问的质量产生较大的影响。这种方法比较适合用在规模不是很大的市场调查当中。

2. 电话调查

电话调查是指调查人员通过电话向受访者提出问题，收集所需要的信息。电话调查以电话为中介，而非面对面的访问，是一种间接的调查方法。

（1）电话调查的分类

电话调查分为传统电话调查和计算机辅助电话调查两种方式。

在传统电话调查中，调查人员随机拨号，按要求选取受访者。电话接通后，受访者根据调查人员的问题进行回答，调查人员记录回答结果。通话结束后，调查人员继续拨号按要求选择受访者进行调查。随机数字拨号是电话调查中常用的抽样方法，调查人员不需要从电话簿或姓名地址名录中抽取样本，而是使用随机数程序产生的电话号码。

计算机辅助电话调查是一种利用专业软件和计算机、电话等硬件进行的电话访问形式。调查人员坐在计算机前，按计算机屏幕上显示的问题进行访问，将受访者回答的内容及时录入计算机。在进行电话访问时，须事先输入受访者的电话号码，由计算机按程序自动拨号，调查人员在接通电话后不知道对方的身份，只负责按规定的访问内容进行访问对话。对于访问内容，可以实时录音，以确保调查访问的内容真实可靠。

补充资料 3-1

计算机辅助电话调查的特点[①]

计算机辅助电话调查作为一种借助计算机和电话等终端设备进行调查的方式，其运作程序与一般的电话调查和网上调查存在较大的差距。这种调查的工作形式为：调查人员坐在计算机前，面对屏幕上的问卷，向电话另一端的受访者提出问题，并将受访者回答的内容通过鼠标或键盘记录到计算机中去；督导在另一台计算机前借助局域网和电话交换机对整个访问工作进行现场监控。通过这种系统的调查，可以更短的时间和更低的费用得到更加优质的访问数据，所得的数据可被各种统计软件直接使用。

计算机辅助电话调查的特点如下。

① 效率高。省去了传统调查所必需的印刷问卷、上门入户（或邮寄问卷）、审核问卷、数据录入等环节，在短时间内即可完成调查，访问结束后几十分钟内即可汇总数据，周期较短。

② 科学性强。对调查过程进行全程监控，没有中间环节，不必进行层层组织和布置，可排除调查过程中的人为干扰因素，使得调查结果更加客观和公正，数据质量高。所有调查访问的内容均以录音方式保存下来以供复核，不易出现作弊现象。

③ 代表性高。利用计算机系统按照统计理论进行抽样调查，确保其随机性；可按区域等条件进行分组调查；可对电话号码和问卷答题的顺序进行控制，避免因跳问或错误选择答项而导致数据错误或丢失。

④ 结果真实。由于采用计算机辅助调查系统，问卷不外流，与受访者非面对面接触，可打消受访者的顾虑，调查成功率高，接触原始数据和汇总数据的人员少，保密性强。

计算机辅助调查技术已成为国内外专业调查机构开展民意研究和市场调查时所采用的最主要的数据收集方法。

国内越来越多的专业商业调查机构、政府机构和院校已在积极地采用这种技术。

（2）电话调查的优缺点和应用

与其他几种问卷调查方法相比，电话调查主要有以下优点。

① 收集信息的速度快，时效性强。电话调查收集信息的速度相对较快，所获得的调查结果的时效性强。

② 调查成本低，节省调查费用。电话调查的成本相对较低，能够节省调查所需的花费。

③ 调查对象容易接受，且不受地域限制。相对于面访调查，电话调查比较容易被受访者接

---

① 摘录自百度百科"计算机辅助电话访问"词条，略有改动。

受，尤其是那些工作忙和不愿与人直接接触的受访者；而且电话调查不受地域限制，可以接触到来自不同地域的调查对象。

④ 容易控制调查质量。调查的组织者可以监督电话调查的实施过程，也可以通过事后审核来监控调查质量。

电话调查的缺点主要体现为：与受访者缺乏直接的、面对面的沟通；无法展示产品实物以及提供调查的辅助材料；受通话时间的限制，调查内容的深度也有所限制，无法调查一些比较复杂的问题。

电话调查方便快捷，收集资料的速度快，时效性强，一般用于热点问题和突发性问题的快速调查、关于特殊问题的消费者调查等。电话调查依赖电话的覆盖面和普及率，在一些通信受到限制的山区，无法顺利实施电话调查。针对电话调查的拒访率高的问题，可以通过信函等方式提前通知，避免拒访。计算机辅助电话调查的效率比传统电话调查高。

3. 邮寄调查

邮寄调查是指将调查问卷邮寄给受访者，让其自行填答。受访者填答完后再将问卷寄给调查人员，完成数据收集。邮寄调查在西方国家中的运用较为普遍，在我国的运用较少。

邮寄调查主要有以下优点。

① 调查成本低。邮寄调查实施起来简单、方便，不需要招募、培训和管理调查人员，能够节省面访调查所需要的劳务费、培训费、差旅费等。

② 不存在询问偏见。受访者自行填答问卷，不受调查人员的态度、语气、提问方式等因素的影响，不会产生询问偏见。

③ 受访者填答问卷的时间充足。邮寄调查允许受访者有较长的时间完成问卷的填答。对于一些较为复杂和不容易理解的问题，受访者有较充足的时间来考虑和回答，从而减小回答误差。

④ 调查范围广，不受地域限制。邮寄调查可以覆盖的区域较广，邮寄能够到达的区域都可以作为受访者的选择范围。

邮寄调查的缺点主要有：问卷回收率低，问卷寄出去后不一定会被寄回；调查周期较长，问卷往返需要花费较长的时间；调查过程不受控制，问卷由受访者自行填答，容易出现替答现象，这样会影响样本的代表性；由于问卷回收率低，寄回问卷的受访者与未寄回问卷的受访者之间可能存在差异，这也会影响样本的代表性。

针对邮寄调查所存在的问卷回收率低的缺点，企业或调查机构通常采用提供奖励或酬劳的刺激方式加以弥补，利用跟踪信、物质鼓励、贴足邮资、权威机构背书等方法尽可能地提高问卷回收率。

4．留置调查

留置调查是指调查人员将问卷留给受访者自行填答，再上门将填完的问卷取回，或让受访者自行寄回问卷，完成数据的收集。由于调查人员需要上门分发和收回问卷，调查实施受到地域限制，这种调查方法适用于本地性的市场调查，不适用于大规模的全国性调查。

留置问卷调查的优点是数据收集速度相对较快，问卷回收率较高，对受访者的干扰较小，调查成本较低。同时，留置调查具有入户调查的优点，可以实现随机抽样，展示实物、图片，或提供产品让受访者试用。

留置问卷调查的缺点是：需要调查人员上门分发问卷，入户难度较大；上门分发和回收问卷需要耗费人工和往返交通费用；调查的地域范围有限；无法确定是否为受访者本人的回答；对调查人员进行监督和管理的难度较大。

5．网络问卷调查

网络调查是指利用网页问卷、电子公告板等网络多媒体通信手段来收集数据和访谈资料。网络调查可以分为网络问卷调查、在线焦点访谈、网上跟帖调查等方式。狭义的网络调查就是指网络问卷调查，即以互联网为中介，通过网络问卷进行调查和收集数据资料。

网络问卷调查一般有两种数据收集方式：一种是借助电子邮件地址清单发送问卷并要求受访者回答；另一种是利用网络在线调查系统，将问卷放在网络调查平台上，或将问卷链接发送给受访者，由受访者自愿填写。随着互联网的普及，网络问卷调查近年来发展迅速，应用范围不断扩大，在很多国家成为常用的调查方法之一。

（1）网络问卷调查的优点和缺点

与传统的调查方法相比，网络问卷调查主要有以下优点。

① 调查范围广，不受地域限制。相对于其他调查方法，网络问卷调查基本上不受地域限制，可覆盖的调查范围最为广泛。

② 调查速度快。网络问卷调查通过互联网收集数据，问卷传播和回收速度快，还可以对调查结果进行实时的统计与分析，从而大大缩短调查周期。

③ 调查成本低。相对于面访调查，网络问卷调查的组织和实施十分便捷，可以省略调查人员的招募和培训、问卷印刷、数据录入和统计分析等环节，从而节省调查费用，降低调查成本。

④ 保护隐私。在网络问卷调查中，受访者可以匿名方式填答问卷，从而提高问卷填答的真实性，因此这种方式适合调查一些敏感问题。

⑤ 具有互动性。网络问卷调查可以通过相关技术向受访者展示图片、图表、音视频等资料，提高受访者参与调查的兴趣，可以得到受访者的实时反馈，实现与受访者更好的互动交流。

网络问卷调查也存在自身的缺点和局限性。由于互联网自身的特性，网络问卷调查在样本的代表性、调查过程的控制、安全和隐私等方面都存在一些缺点和局限性,主要表现为以下几点。

① 样本的代表性无法保证。网络问卷调查只能接触到联网的用户,无法接触到所有的用户。当调查总体包含非网络用户时,就可能出现较大的偏差,样本的代表性无法保证。

② 调查过程难以控制。由于互联网具有匿名的特点,受访者填答问卷的过程很难控制,问卷的填答质量无法保证。受访者可能为了快速完成问卷而随意作答,从而影响调查结果的真实性和准确性。

③ 存在安全和隐私问题。网络问卷调查中系统能否正常运行、数据能否安全存放等问题会影响调查的顺利进行。用户对于个人隐私和身份信息泄露等问题的担忧,也可能降低其参与调查的意愿和影响填答问卷的态度。

④ 调查参与度低。网络上各类信息的轰炸、网络信息的良莠不齐以及网民对网络安全问题的担忧等,在一定程度上降低了网民参与网络问卷调查的意愿,影响了网民的参与热情。

（2）网络问卷调查的应用

网民的地域、年龄、收入水平等分布不均衡带来的样本的代表性问题,以及互联网的匿名性带来的调查过程难以控制的问题,制约了网络问卷调查的广泛应用。但是,网络问卷调查所具有的优势十分明显。在实践中,网络问卷调查既可以独立使用,比如针对一些特定人群展开网络问卷调查;也可以作为传统调查方法的补充,与传统调查方法结合使用。对于一些精度要求比较高的调查,利用网络样本库进行调查是常见的方法,但要注意采取样本轮换机制,经常对网络样本库进行更新。由于网络问卷调查所具有的局限性,网络问卷调查不能直接替代传统调查,它有自己的适用范围。正确地进行网络问卷调查,才能最大限度地发挥网络问卷调查相对于传统调查的优势。

三、观察法

1. 概述

观察法是通过观看、跟踪和记录受访者的行为以收集所需资料的一种调查方法。调查人员可以在现场进行直接观察,也可以通过照相、录像、录音等手段间接进行观察。在市场调查中,观察法主要用于了解消费者的行为、态度和情感,通过有目的的观察,获得所需要的市场信息和资料。比如,通过观察消费者的行为来测定消费者对某品牌的偏好或某种促销方式的实际效果。除了消费者的行为、态度和情感等,市场调查中的观察对象也可以是客观事物,比如摆放和陈列的商品、商品的包装、展示的宣传物料等。

观察法作为一种调查方法,与日常生活中的观察有很大的不同。采用观察法收集资料时,调查人员要有明确的目的,在观察前根据研究目的制订周密的观察计划,借助科学的工具,有系统、有组织地开展观察活动。除了有明确的目的和周密的计划,调查人员在观察过程中还需要对观察结果进行详细的记录,并有意识地控制误差。为了提高观察活动的科学性和准确性,调查人员还需具备一定的观察技能和经验。

采用观察法收集资料时，调查人员与调查对象不发生直接接触，即调查人员不需要向调查对象提问，而是在调查对象不知情的情况下进行直接或间接的观察，并将观察到的实际情况记录下来。作为一种非介入式的调查方法，观察法能够消除调查人员和调查对象的主观因素所造成的影响，获得的资料更加贴近实际情况。但在观察过程中应注意避免让调查对象感觉到正在被观察，以便记录调查对象在自然状态下的行为、态度和情感，获得较为真实的信息。

采用观察法收集资料时需要借助调查人员的感觉器官，或借助一定的工具和手段。直接观察一般借助调查人员的感觉器官，主要是视觉器官，即用眼睛观察。间接观察则需要借助一定的工具和手段，如录音、录像、照相设备等。随着科学技术的进步，更先进的观察仪器和设备会不断出现，借助这些新技术和设备进行观察，效率也将得到提升。

2．观察法的分类

观察法可以从不同的角度进行分类，以下按四种不同标准对观察法进行分类，并做简单的介绍。

（1）控制观察和无控制观察

控制观察是指根据观察目的预先规定观察范围，并在实施观察时对观察手段、观察技术、观察程序和记录方式等进行标准化处理。在控制观察中，调查人员要事先考虑观察目的、观察手段、观察范围、观察程序、记录方式等，并对观察结果进行详细的记录。控制观察一般用于目的性和系统性较强的调查，或用在简单观察后为使调查更加精确而进行的补充调查或取证。市场调查中采用的观察法大多为控制观察。

无控制观察事前不需要限定观察范围，对观察项目、观察程序等不做严格规定，记录也可采取随意的方式。无控制观察比较灵活，通常用于非正式的探索性调研以及有一定深度的专题调查，很少用于正式的市场调查。

（2）参与观察和非参与观察

按照调查人员是否参与到观察活动中，可以将观察法分为参与观察和非参与观察。

参与观察是指调查人员为了深入了解调查对象的情况，加入到某一群体中，以内部成员的角色参与他们的各种活动，在和调查对象共同生活的过程中收集所需要的资料。在参与观察中，调查人员需要较长时间地生活在调查对象之中，甚至改变自己原有的身份。

非参与观察是指调查人员不参与调查对象的生活，而是以局外人的身份去观察事件的发生和发展情况。在非参与观察中，调查人员一般不改变身份，也不以内部成员的身份参与调查对象的各种活动，只在调查时置身于调查事项中取得资料。

（3）直接观察和间接观察

按照调查人员是否直接接触调查对象，可以将观察法分为直接观察和间接观察。

在直接观察中，调查人员与调查对象直接接触，而非通过客观事物进行间接的观察。在市场调查中，研究者可以对消费者的购买行为进行直接观察，跟踪和记录消费者的实际购买行为。

间接观察是指调查人员不直接与调查对象接触，而是对自然物品、社会环境、人的行为痕迹等客观事物进行观察，间接了解调查对象的情况和特征。

（4）纵向观察和横向观察

按所获取的资料的时间特征不同，观察法可以分为纵向观察和横向观察。

纵向观察又称时间序列观察，是指调查人员在不同时期对调查对象加以观察，取得一连串的观察记录并对其进行分析研究。纵向观察能了解调查对象发展变化的过程和规律。

横向观察又称横断面观察，是指调查人员在某一特定时间内对若干个调查对象所发生的事态同时加以记录，然后对取得的观察资料进行分析研究。横向观察能够扩大调查范围，了解某一特定时间内若干个调查对象的情况。

（5）人员观察和机器观察

按观察的具体形式不同，观察法可以分为人员观察和机器观察。

人员观察是指研究人员亲临现场进行观察并收集资料。人员观察有以下几种形式：通过给客户打电话并根据电话交流，观察、评估客户所接受的服务水平；通过与企业的销售人员或服务人员沟通来考察企业的服务态度和服务水平；通过假扮客户办理业务，观察并感受接受服务的整个过程。人员观察的典型应用形式是神秘顾客。

机器观察是指使用录音机、录像机、照相机等辅助工具，以及利用交通流量计数器、收视计数器、条码扫描仪、生理测量仪等设备收集所需的信息。相对于人员观察，机器观察比较客观，对调查对象的影响也比较小，因而结果比较准确。机器观察可以长时间持续进行，而且不存在疲劳和遗漏等问题。机器观察的缺点是难以观察到设定范围以外的情形。

3. 观察法的优缺点

（1）观察法的优点

观察法是一种重要的市场调查方法。与其他调查方法相比，观察法主要有以下优点。

① 获得的资料较为客观。观察法需要调查人员到现场观察事件或现象的实际发生过程，是对现场实际情况的客观记录，可以了解到现象或事件的发生过程，获得较为真实的原始资料。

② 观察结果受调查对象主观因素的影响较小。在问卷调查和访谈中，受访者需要用语言回答问题或陈述自己的看法，而在观察过程中调查对象不需要回答问题和陈述自己的看法，因此观察结果基本上不会受到调查对象的主观意愿和表述能力等主观因素的影响。

③ 灵活多样，简便易行。观察法有多种类型，研究者可以根据不同的情况采用不同的观察方法，确定观察时间、观察范围和观察人员等，灵活性较大。另外，大部分观察方法简便易行，

可以随时随地进行。

（2）观察法的缺点

和其他调查方法一样，观察法也存在不可避免的局限性，主要有以下缺点。

① 无法了解事件发生的原因和内在动机。观察结果只能反映客观事实的发生经过，无法反映现象或事件发生的原因。采用观察法考察消费者的行为时，只能观察到消费者的外部行为，无法了解行为背后的动机、意向及态度等内在因素。

② 有些人类行为无法直接观察到。观察法一般只能观察人类社会中的公开行为，有些人类行为尤其是调查对象的私下行为（如家庭内部行为、私密行为等）是无法观察到的。

③ 所需的调查费用较高。无论是直接观察还是间接观察，都需要花费较高的调查费用。直接观察时，调查人员需要到现场，而且需要用较长的时间进行观察。间接观察则需要借助专门的设备，投入较多的人力、物力和时间。

④ 对调查人员的要求较高。调查人员不仅需要具备比较敏锐的观察力、必要的专业知识和操作相关设备的能力，还需注意消除观察中的主观偏见。

4．观察法的应用

观察法在实施时常会受到时间、空间和经费的限制，比较适用于小范围的微观市场调查。在市场调查中，观察法主要应用于以下情形。

① 消费者需求调查。通过观察消费者购物时的行为，了解其消费需求，预测产品的销售情况。例如，某企业想要了解所生产的产品在某个地区的销售情况，可以通过对消费者购物行为的观察，从侧面了解他们对自己的产品的消费需求，从而对产品的销售状况做出预测。

② 商场经营环境调查。这里包括对商场里的商品陈列、橱窗布置进行观察，以及对商场所临街道的车流量、客流量等进行观察。例如，调查人员在特定时间内对商场所临街道上来往的人流量进行观察和监测，可以在一定程度上判断该商场经营环境的好坏。

③ 品牌调查。通过观察消费者的购买行为，了解消费者对某品牌的需求强度及其他同类品牌的替代程度。例如，通过观察消费者在购买某类产品的过程中对不同品牌的选择和购买情况，可以对某品牌的市场地位以及同类竞争品牌的替代程度等做出判断。

④ 顾客满意度调查。对销售人员的服务态度和业务水平等进行观察，可以了解消费者对某企业的产品或服务的评价和满意度。

四、实验法

1．概述

实验法是市场实验法的简称，是自然科学实验法在市场研究中的应用。研究人员通过实验的方法改变一个或几个影响因素，观察市场现象的变化情况，以测定企业的各种经营手段的效果。实验法一般用来评估产品和营销策略的效果。

利用实验法时，研究人员首先假定某些自变量会导致某些因变量的变化，通过控制一个或多个自变量，在其他因素不变的情况下，研究这些自变量对因变量的影响，以验证因果关系的假设。自变量是指可以由实验者直接操纵或控制的变量，比如产品价格、产品口味、产品包装、广告设计方式、服务方式、促销方式等。因变量是难以直接控制甚至不能控制的变量，这些变量通常是企业追求的结果，如产品销售量、市场占有率、客户满意度等。例如，在产品质量、服务、销售环境等相同的情况下，改变产品的价格、包装或广告形式，以测定这些因素对销售量的影响。

实验法有明确的实验目的，需要进行严格的实验方案设计和控制，以尽可能地减小实验误差。实验数据可以通过统计分析的方法进行检验，以确定在一定水平下自变量对因变量的影响是否显著，从而实现由实验样本对总体的推断。实验结果也可以用于定性分析。

2．实验法的分类

实验法可以从不同角度进行分类。

① 按实验环境的不同，可分为实验室实验和现场实验。实验室实验是在人工设置的环境下进行的，研究人员可以对实验进行比较严格的控制，实验所需的时间较短，容易操作，实验的内部效度较高。但在实验室环境下得出的结论在真实的市场环境中不一定能够推广，即实验的外部效度较低。现场实验是在现实环境下进行的实验，研究人员不易控制外部变量，操作难度较大，实验所需的时间较长，实验的内部效度较低。但现场实验得到的实验结果更符合现实世界的实际情况，具有更高的外部效度。

② 按照实验组织方式的不同，可分为对照组实验和单一组实验。对照组实验是指既有实验组又有对照组（控制组）的一种实验方法。实验组即实验单位，对照组是同实验组进行对比的单位。两组在范围、特征等方面的情况基本相同。在对照组实验中，要同时对两个观察客体做前测和后测，并比较其结果，以检验理论假设。在单一组实验中，对单一实验对象在不同的时间里进行前测和后测，比较其结果，以检验研究假设。

③ 按照实验者和实验对象对于实验激发是否知情，分为单盲实验和双盲实验。在单盲实验中，实验对象不知道自己正在接受实验，由实验者实施实验激发和实验检测。在双盲实验中，实验对象和实验者双方都不知道正在进行实验，由第三方实施实验激发和实验检测。采用双盲实验，一方面是为了避免实验对象出于对实验激发的欢迎或反感而有意迎合或故意不配合实验者，另一方面是为了避免实验者和实验对象出于对实验结果的某种心理预期而影响实验结果的真实性和准确性。

3．实验法的优点和缺点

实验法的主要优点如下。

① 可以探索和发现事物间的因果关系。实验法可以在控制一个或几个影响因素的情况下，尽量排除外来因素的影响，研究自变量对因变量的影响，从而揭示事物之间的因果关系。

② 实验结论具有较高的可信度和较强的说服力。在实验单位、实验变量、实验设计、实验环境和实验条件相同的情况下，实验可以重复进行，并得到大致相同的结论，因此具有较强的说服力。

实验法的主要缺点如下。

① 实验误差难以避免。尽管通过实验设计可以消除部分外来因素的影响，但不能完全排除外来因素的影响，测量上的随机误差也无法避免。

② 实验所需的费用较高。实验设计和实施需要投入较多的人力、物力和财力。

③ 实验所需的时间较长。在市场调查实践中，往往需要在尽可能短的时间内得出调查结果。这对实验法提出了很高的要求。

④ 现场实验较难控制和管理。现场实验在现实环境中进行，涉及的人员管理和对外来变量的控制有一定难度。

⑤ 适用的情形有限。实验法只适用于对当前市场情况的影响分析，对历史情况和未来变化不太适用。

4．实验法的应用

实验法是市场调查的必要手段，可以探索在特定的环境中不明确的市场关系或行动方案，可以评估产品和营销策略的效果，而且实验结果具有较强的说服力，有助于决定行动的取舍。

实验法主要用于检验有关市场变量间的因果关系的假设，测量有关自变量对因变量的影响。比如，测试商品品质、商品价格、商品包装、商品陈列等的变化调整对销售量的影响，测试各种广告和促销手段的效果，等等。另外，在开发新产品时也可以采用小规模的市场实验或试销方式，在客户和使用者中听取意见，了解需求，收集市场信息，分析该产品是否值得大范围推广。

总之，不同的市场调查方法各有优势，我们在实践中应根据市场调查目的和要求，发挥不同调查方法的优势，扬长避短，将各种方法结合运用，以取得更好的调查效果。

思考题

1. 二手资料的来源有哪些？结合自身经历，谈谈你对二手资料的利用。

2. 网络问卷调查的优点和缺点分别是什么？

3. 从不同方面对文案调查和实地调查进行比较。

第四章

定性调查

一、概述

1. 定性调查的概念和特点

定性调查是一种针对小样本进行的、用无结构或半结构方式收集资料的调查方法。定性调查往往采用特殊的技术和方法获得人们的想法、感受等较深层次的信息，用于探索消费者的需求和深层心理，了解目标人群的态度、信念、动机、行为等。

定性调查作为一种探索性调研方法，主要以具有某种特征的小样本人群为调查对象。定性调查的结果常常用于提出假设或确定研究中应包括的变量，对潜在的理由和动机求得定性的理解。定性调查可以帮助研究者理解和界定所研究的问题，寻找解决问题的途径。

定性调查的优势是调查方式灵活，调查成本低，获得的资料丰富，可以了解消费者内心深处的动机和感觉，帮助研究人员更好地探索问题。定性调查的主要局限性在于调查结果来自小样本，在很大程度上依赖调查人员的主观认识和个人解释。在市场调查中，定性调查常常和定量调查结合使用，可以更透彻、更深刻地了解消费者的需求和心理。

2. 定性调查与定量调查的区别

与定性调查相对的是定量调查。定量调查是指利用结构式问卷，抽取一定数量的样本，依据标准化的程序来收集数据和信息。定量调查的对象一般是大样本，采用结构化的问卷来收集资料，收集的数据可以用于统计分析。调查结果具有可预测性，可以用来推断调查总体的情况。定量调查与定性调查在调查目的、样本量、数据收集方式、数据分析方法和调查结果的应用等几个方面都有所不同。表 4-1 比较了定性调查和定量调查的区别。

通过以上比较可以看出，定性调查和定量调查各有其优势和局限性。在实际应用中，定性调查和定量调查往往结合使用，互为补充。定量调查的结果用于描述和预测总体的特征、数量等，可以弥补定性调查的样本少、调查结果不具有预测性的缺点。定性调查的结果可以帮助研究者探明问题背后的可能原因或影响因素，更好地界定所调查的问题，一般作为定量调查的先导。有时定性调查在定量调查之后进行，作为定量调查的补充，或者查明定量调查中被忽略的问题，对定量调查的结果进行解释分析。

表 4-1 定性调查和定量调查的区别

比较项目	调查目的	样本量	数据收集方式	数据分析方法	调查结果的应用
定性调查	探索消费者的需求、动机等深层次的想法，获得对问题的初步理解	小样本，样本缺乏代表性	无结构或半结构的，如访谈方式	非统计分析方法，如归纳分析、比较分析等	为解决问题提供思路和方向
定量调查	用数据表示结果，并用样本推断总体；回答部分确定的问题	大样本，样本具有一定的代表性	有结构的，如结构式问卷	统计分析方法，如描述统计、参数估计、相关分析等	建议最后的行动路线

3. 定性调查的主要方法

定量调查的主要方法为问卷调查，问卷调查的主要形式包括面访调查、电话调查、邮寄调查、网络问卷调查等，在前一章中已经详细介绍过。

定性调查方法分为传统的定性调查方法和在线定性调查方法两大类。传统的定性调查方法主要有焦点小组访谈、深度访谈、投射技术和德尔菲法等；伴随着互联网的发展而出现的在线定性调查方法主要有在线焦点小组访谈、在线深度访谈、在线社区调研等，如图 4-1 所示。本章将对以上提到的定性调查方法进行逐一介绍。

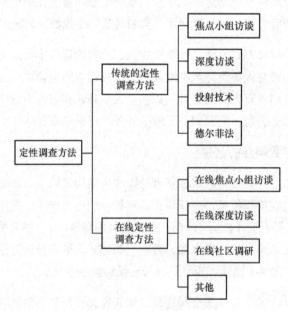

图 4-1 定性调查方法

二、焦点小组访谈

1. 焦点小组访谈的定义和特点

焦点小组访谈又称为小组座谈会，是指召集一个由 8~12 人组成的访谈小组，在一名主持人的引导下，对某一主题或观念进行深入讨论，从而获得对有关问题的深入了解，收集与调研主题有关的信息。焦点小组访谈的目的在于了解人们深层次的态度、情感、动机、想法及其原因等，而获取信息的关键在于引导参与者对主题进行充分、详尽的讨论。

焦点小组访谈的特点是多个受访者同时进行访谈，而不是一对一的访问。这种调查方法利用了心理学的有关知识，通过受访者间的相互作用和影响获得尽可能多的信息。这种方法源于精神病医生采用的群体疗法，即利用群体中各成员间的相互作用治疗精神病人。

焦点小组访谈有一个讨论的主题，"焦点"即访谈的主题。在焦点小组访谈中，主持人需要引导参与者围绕某一主题进行讨论，同时鼓励开放式讨论，但讨论的焦点一般集中在特定的主题上。"小组"即参与访谈的访谈小组，参与人数一般为 8~12 人。每场座谈会的时长在 2 小时左右。焦点小组访谈通常在特定的场地进行，会场设施包括会议桌、单向镜、观察室、速记和录音录像设备等，如图 4-2 所示。

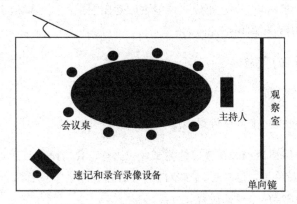

图 4-2　焦点小组访谈会场的布置

焦点小组访谈是最常用的定性调查方法之一，在国内外被广泛应用。焦点小组访谈作为定性调查的重要方法，常用于消费者行为和产品调研（如新产品概念测试、广告创意测试、消费者购买动机和购买行为调查等），有助于了解消费者深层次的想法，获得新的信息。

2. 焦点小组访谈的优缺点

（1）焦点小组访谈的优点

① 可以获得新的观点。焦点小组访谈鼓励受访者自由发言，通过受访者间的相互作用和影响，可以激发受访者产生尽可能多的新想法和新创意，为企业或研究者提供新的观点。

② 客户可以观看讨论过程。在焦点小组访谈过程中，委托方（即客户）可以在观测室中通过单向镜观看讨论过程，获得来自消费者的一手信息，直接了解消费者的想法和观点。

③ 讨论较为灵活和开放。焦点小组访谈是非结构化的开放式讨论，主持人可以引导受访者围绕某一主题进行较为广泛和有深度的讨论，讨论的话题和走向是较为灵活和开放的。

④ 与受访者进行较为直接的交流。在访谈过程中，可以直接了解受访者的想法及其对产品的反馈意见等，与受访者的互动和交流是较为直接的。

（2）焦点小组访谈的缺点

① 访谈结果不具有代表性。小组访谈的样本量有限，无法代表总体，因此小组访谈的结果并不能反映所有人的想法和观点，所得到的观点可能比较片面。

② 获得的信息不一定完全真实。由于采用小组讨论的形式，受访者在发言时可能因为来自群体的压力而隐藏真实的想法，导致研究者所获得的信息不一定完全真实。

③ 解释的主观性。研究者对焦点小组访谈所获取的信息进行解释时具有主观性，多是根据受访者的陈述做出的主观评价，因此在使用焦点小组访谈得出的结论时要十分谨慎。

④ 人均参与成本高。焦点小组访谈的费用包括组织和邀请受访者的费用、主持人的费用、其他工作人员的费用、租用场地的费用等，分摊到每个受访者上的人均参与成本较高。

⑤ 对主持人的要求较高。焦点小组访谈能否成功在很大程度上取决于主持人，主持人需要具备较好的话题引导能力和临场把控能力。

3. 焦点小组访谈的实施

（1）实施前的准备工作

焦点小组访谈实施前一般要做好以下准备工作。

① 布置会场。小组访谈一般在专门的测试室中进行，会场设施包括会议桌、单向镜、观察室、速记和录音录像设备等。客户可以在单向镜背后的观测室中观看讨论过程。会场设有速记员或录音录像设备，记录整个讨论过程。

② 选择一名主持人。主持人负责引导话题，把握讨论的方向和进程，在焦点访谈过程中处于主导地位。主持人一般要求具备良好的沟通和引导能力以及相关的专业知识。

③ 确定会议主题。会议主题即焦点小组讨论的主题，研究者应根据调查目的和内容事先确定会议主题，并提前编写访谈提纲。

④ 确定座谈会召开的次数和时间。根据调查目的、调查内容以及调查预算确定座谈会召开的次数，根据调查计划确定召开座谈会的具体时间。

⑤ 确定和邀请参会人员。访谈实施前，还需提前确定和邀请参会人员。

（2）实施中应注意的问题

在焦点小组访谈实施的过程中，要注意以下问题。

① 聚焦讨论主题。在实施过程中，一般以主持人为主导，主持人应围绕会议主题，引导受访者发言和进行充分的讨论，把握座谈会的讨论方向。

② 协调和引导的讨论。对于受访者之间的讨论和碰撞，主持人应该有意识地进行协调，为小组座谈营造良好的氛围，保证讨论顺利进行。

③ 做好访谈记录。在讨论过程中，应做好访谈记录，便于会后整理和分析。

（3）访谈结束后需要完成的工作

焦点小组访谈结束后，需要完成以下各项工作。

① 整理访谈记录。会议结束后，要及时整理访谈记录，检查访谈记录是否齐全，以免遗漏重要的访谈内容。

② 分析访谈情况。研究者根据访谈记录分析访谈情况，总结调查发现，形成调查结果。

③ 撰写访谈报告。总结分析访谈情况，形成结论，提出建议，撰写并提交访谈报告，供客户参考。

4．焦点小组访谈的作用

焦点小组访谈在国内外的应用广泛，是一种重要的定性调查方法，其作用是多方面的，主要表现为以下几点。

① 刺激新的想法或产生新的概念。焦点小组访谈常用于新产品的概念测试，了解消费者对于新产品的想法和接受程度，如公司开发的新产品对顾客是否具有吸引力；也可以用于广告创意的概念测试，了解消费者对广告创意的态度、看法和偏好，为改进广告创意提供意见和建议。

② 有助于理解消费者的语言。通过焦点小组访谈，可以熟悉和理解消费者的语言（如消费者如何理解和评价广告文案），帮助企业在与消费者的沟通中取得较好的效果。

③ 揭示消费者对产品或服务的需求、动机、观念和态度。企业常常通过焦点小组访谈了解消费者对产品或服务的感觉和想法，或提前了解产品或服务的变化对消费者的影响（比如消费者能否接受产品价格的提高或产品包装的改变。

④ 提出研究假设和建议。焦点小组访谈常用于探索性调研，有助于界定所调查的问题。焦点小组访谈的结果通常作为定量调查的先导，提出需要进一步检验的研究假设和定量调查应包含的变量。

⑤ 解释定量调查的结果。有时焦点小组访谈在定量调查之后进行，作为定量调查的补充，对定量调查的结果进行解释和补充说明。例如，某项问卷调查的结果显示消费者对某广告的喜爱度偏低，而研究者通过焦点小组访谈可以找到并解释消费者不喜欢该广告的具体原因。

三、深度访谈

1. 概述

深度访谈是指一名访问者围绕某一个主题与受访者进行一对一的深入讨论，目的是让受访者自由发言，充分表达自己的观点和情感，以了解受访者对所调查问题的深层次理解和看法，揭示受访者的潜在动机、态度和情感。和焦点小组访谈一样，深度访谈通常作为定量调查的补充，收集那些通过结构式问卷难以获取的消费者深层次的想法和感受等。

深度访谈是一种无结构或半结构的一对一访谈。深度访谈的对象可以是专业人士、政策制定者、企业高层管理人员、特殊群体等。深度访谈一般在比较轻松的氛围中展开，可以消除群体压力，让受访者自由地表达自己对某问题的真实看法，从而了解受访者深层次的想法和态度。深度访谈也可以获得受访者对一些较为敏感的话题的真实想法，具有其他定性调查方法无法替代的优势。

深度访谈可以是自由访谈，也可以是半控制式访谈。当采用自由访谈的方式时，调查人员的作用主要在于鼓励受访者自由发表见解和回答问题，从而逐渐发掘受访者内心深处的观点和看法。当调查人员需要对受访者就一系列主题进行沟通或者总体访谈的时间有限时，可以采用半控制式访谈。在半控制式访谈中，调查人员需要引导受访者将讨论的方向集中在事先确定的主题上，并控制整个访谈的进程和讨论时间。

2. 深度访谈的优缺点

（1）深度访谈的优点

① 消除群体压力，得到的信息更真实。和焦点小组访谈相比，深度访谈是一对一访谈，由于消除了群体压力，受访者不用考虑其他人的看法，可以提供更真实的信息。

② 受访者更乐于表达观点、态度和想法。深度访谈时，一对一交流会使受访者感到自己受到重视，更乐于表达自己的观点和想法。因此，研究者可以获得受访者深层次的想法。

③ 得到对一些敏感问题和保密性问题的回答。一对一交流既可以消除群体压力，还可以避免人多时的尴尬。随着交谈的逐步深入，受访者容易放下戒备之心，说出对一些敏感问题和保密问题的想法。

（2）深度访谈的缺点

① 无法实现受访者想法之间的相互碰撞。由于同一时间只有一个受访者接受访问，无法实现不同受访者想法的相互作用和碰撞，相对于小组访谈可能无法获得更多的新想法。

② 人均成本高。深度访谈在同一时间只能有一位受访者，相对于焦点小组访谈更加耗费时间，收集信息的效率更低，人均成本也更高。

③ 对调查人员的素质和技巧的要求高。深度访谈的质量在很大程度上依赖调查人员的技巧

和素质，对调查人员的要求较高，调查人员一般需要经过专业训练才能胜任。

④ 访谈结果难以解释和分析。由于访谈对象的代表性难以确定，并且访谈很容易受调查人员自身的影响，因此深度访谈的结果难以解释和分析。

3. 深度访谈的实施

（1）实施前的准备

在深度访谈的准备阶段，应提前制订访谈计划，设计访谈大纲，做好调查人员的选择和培训工作。访谈计划的内容包括确定访谈对象，安排访谈的时间、地点和场合等。访谈大纲应该事先设计好，内容包括访谈目的、访谈步骤、访谈的问题和注意事项等。在深度访谈实施前，应选择合适的调查人员，并让调查人员了解访谈目的，熟悉访谈的问题。调查人员应尽可能了解与访谈相关的情况，如受访者的个人信息、受访者所在行业的情况、委托方所在行业的情况与产品业务知识等。另外，访谈开始前还应准备好相关的证明文件、记录本、录音录像设备、礼品等。

（2）实施过程中的注意事项

在深度访谈的具体实施阶段，调查人员需要做好自我介绍、灵活提问、有效聆听，并处理好突发状况。

调查人员首先要做好自我介绍，表明身份，告知受访者本次访谈的目的，表示会对受访者的信息保密，以打消他的疑虑，为无障碍交流创造条件，并尽量营造良好的访谈气氛。访谈一般从受访者关心的话题开始，逐步缩小访谈范围，要问及访谈大纲中的所有问题。访谈中可以采用灵活多样的提问方式，如描述性提问、假设性提问、选择性提问等。调查人员应根据具体情况、现场环境等灵活选择不同的提问方法。如果受访者希望得到关于某人、某事、某物或经验体会的信息，可以采用描述性提问方式。如果涉及一些敏感话题，可以采用假设性提问方式，使受访者畅所欲言。在访谈过程中，调查人员应认真倾听受访者的意见，鼓励受访者说出尽可能多的想法。

调查人员在访谈过程中要有效聆听，应注意以下事项[①]：用关键词总结听到的信息，从长篇大论中搜索出有价值的信息，注意潜台词，注意找出没有用语言表达出来的信息，不断地总结、归纳并及时与受访者核实。在访谈中还要注意把握和适时调整访谈方向，遇到影响访谈的突发状况时要随机应变，灵活应对。

访谈中可能因为遇到一些突发状况而中断访谈，如受访者临时有公事需要处理或接听电话等，这时调查人员应耐心等待受访者处理个人事务，在继续访谈时对先前所问的问题和对方的回答进行回述，以帮助对方整理思路，回到访谈中来。

（3）结束深度访谈

深度访谈结束时，调查人员一般用直接或委婉的语气表示访谈将要结束，对受访者表示感

---

① 李静. 深度访谈法在市场调查中的运用. 中国集体经济[J]. 2011.36.

谢，并为后续的联系做好准备。

4．深度访谈的应用

深度访谈的应用广泛，主要用于探索性调研，常用于探究受访者的想法、动机，了解受访者的一些复杂行为，讨论一些保密话题和敏感话题，以及访问竞争对手、专业人员或领导者等。深度访谈的典型应用范围如下。

① 详细了解受访者的想法。通过访问某种新产品的目标消费者，可以了解消费者对该产品的感受和评价。比如，了解消费者对新产品概念的接受程度，了解消费者对产品新包装的感受和评价。通过访问竞争对手、专业人员或高层领导等，可以获得来自专业领域的看法和观点。比如，了解销售商对某种新产品的看法和判断，了解医生关于某种新药的疗效的看法。

② 了解消费者的复杂行为。通过访问有代表性的消费者，可以探究消费行为背后的原因和动机，从而理解消费者的复杂行为，如研究消费者选择家用轿车的行为背后的原因。

③ 讨论一些保密问题和敏感话题。对于一些比较特殊的商品或比较敏感的话题，由于消除了群体压力，深度访谈更容易得到所需要的信息。例如，要了解消费者对某种医美产品的看法和态度时，由于涉及较为敏感的话题，采用深度访谈更容易得到所需要的信息。

四、投射技术

1．概述

投射技术通过给受访者提供一种模糊的、非结构的访谈情境，使其在一种没有明确目标假想的条件下自由、充分地表达自己的观点和看法，从而探究其隐藏在表面反应下的真实情感、意图和动机。当研究者确信受访者不愿说出真实意见或未意识到自己的真实想法时，通常采用投射技术来探究隐藏在其表面反应下的真实心理。

投射技术的心理学依据在于人们往往受心理防御机制的影响而难以说出自己内心深处的感觉和认识，通过提供一种模糊的、非结构的访谈情境，能够使受访者消除防御心理，将真实想法投射在给出的情境或刺激中。比如，当受访者被要求描述或解释一个真实或想象的事件时，受访者的社会背景、态度和价值观等会在他的描述或解释中透露出来。因此，在实际调查中，调查人员往往给出一些无限制的且模糊的情境，要求受访者做出反应，受访者因此将真实情感投射在情境或刺激中。

投射法是一种无结构的、非直接的询问方式，是间接的定性研究方法。投射法的应用场合包括：受访者不了解某种行为背后的原因；受访者不清楚购买、拥有或使用某产品对自己的意义；受访者不清楚自己的情感，或不愿意承认有损自我形象的观点和行为，或出于礼貌不愿意评价甚至批评他人。

2. 常用的几种投射技术

市场调查中常用的投射技术有词语联想测试、补充句子测试、气球测试和角色扮演测试等。

（1）词语联想测试

词语联想测试是指向受访者提供一些刺激词，让其说出或写出由该词语所联想到的东西，以分析受访者的真实态度和想法。给出的刺激词通常包括一些中性词、被测试的广告词、产品名称、服务名称等。调查人员会从受访者的回答中分析隐含的含义，从而揭示他们对这些产品、服务、品牌、广告的真实情感。词语联想测试常用于测试品牌名称、品牌形象、广告标语，以及帮助企业确立产品的市场定位等。例如，企业新推出的某款饮料需要拟定品牌名称，为此调查人员向受访者提供若干个不同的品牌名称，让受访者针对不同的品牌名称说出自己所联想到的东西。研究者可以根据这些反应分析受访者对不同品牌名称的态度和喜好，从而帮助企业更好地确定品牌名称。

词语联想测试具体可分为三种方式，分别是自由联想测试、控制联想测试和引导联想测试。自由联想测试不限制联想的范围和性质，受访者可以充分发挥想象力。例如，调查人员给出一个品牌名称，让受访者自由联想，说出由该名称联想到的任何东西。控制联想测试把受访者联想的内容控制在一定的范围内。例如，调查人员请受访者说出看电视会联想到哪些食物，受访者的回答可能是薯片、饮料、冰淇淋等。引导联想测试是指调查人员在给出刺激词的同时提供一些相关的联想词语。例如，调查人员先提出一个问题"你认为该产品的品牌形象可以用什么动物来比喻"，然后给出"猴子""狮子""老虎""大象"等选项，让受访者从中选择一种他认为最合适的动物。

（2）补充句子测试

补充句子测试又称句子完成测试，其原理与词语联想测试基本相同。具体操作时，调查人员首先给出一些不完整的句子，让受访者自己补充完整，然后试图从受访者补充的内容中探测其态度和情感。补充句子测试可用于开拓产品的新市场，了解潜在市场对产品的态度和看法等。例如：立顿公司为了拓展青少年市场，需要了解青少年群体对喝茶的态度。研究者为此设计了以下一些句子，让受访的青少年用自己的话将句子补充完整。[①]

喝热茶的人是＿＿＿＿＿＿。

茶在＿＿＿＿时是很好的饮料。

泡热茶是＿＿＿＿＿＿。

我的朋友认为茶是＿＿＿＿＿。

调研者试图从受访者的回答中归纳每个句子的主题。第一句的主题可能是"健康"，这意味

---

① [美]阿尔文·伯恩斯，罗纳德·布什. 营销调研[M]. 第7版. 于洪彦，金钰译. 北京：中国人民大学出版社，2015年5月.

着茶作为一种饮品被具有健康意识的人所接受。第二句的主题可能是"热",意味着茶被认为是适合寒冷天气喝的饮品。从第三句的回答中得到的主题可能是"麻烦",这意味着青少年群体更倾向于使用袋装茶,而不是自己泡茶。第四句的主题可能是"不错",这表明没有来自朋友的压力导致青少年不喝茶。基于这些信息,调研者可以探测出青少年群体对喝茶的态度以及对袋装茶的接受程度,由此立顿公司推测自己有机会拓展青少年市场。

（3）气球测试

气球测试又称漫画测试,是指在一幅图画的场景中,在人物的上方画一个气球或空白的对话框,让受访者完成对话,调查人员以此探测和了解受访者的内心活动与潜在需求。典型的漫画测试包括两个人物,其中一个人物的对话框中写有对话,另一个则是空白的,要求受访者完成空白对话框的填写。例如,一幅漫画中展示了两个人物对话的场景,一个人说"这家汽车销售商正在促销新款汽车,提供的优惠是 5000 元的折扣和 48 个月的无息贷款",另一个人上方有一个空白的对话框,调查人员会向受访者询问这幅漫画中的人会有何反应,或者请受访者写出空白对话框里的可能答案。如果受访者回答"我会考虑购买",则说明汽车销售商提供的优惠对受访者来说有吸引力;反之,则说明优惠对受访者缺乏吸引力。

（4）角色扮演测试

角色扮演又称第三人称法,即通过给出特定的故事或情境,让受访者代入给出的情境,完成角色扮演,并描述这些角色在某个特定场景下的表现或反应。调查人员由此可以探测出受访者的态度或情感。在实际调查中,受访者可能被问及他的亲友、邻居或一般人在某场合或对某件事、某情形会如何反应、考虑等。例如,如果你的同事有意购买一套住房,当他去看这套待售的住房时,你觉得他会如何表现?这里给出的情境为购买一套待售的住房,受访者可能会将自己对这套住房的评价投射到自己的同事身上,调查人员由此可以判断受访者对这套住房的真实态度。

3. 投射技术的优缺点

投射技术的主要优点在于可以将受访者对某些问题的潜在动机、真实情感或态度等投射在事先设计好的情境中,从而绕过人们的心理防御机制来获取真实的信息。投射技术有助于揭示受访者的真实意见和情感,尤其适用于涉及隐私的问题和较为敏感的问题。

投射技术的主要缺点如下。

① 利用投射技术时,需要训练有素的专业人员负责设计,有时还需要心理学专家参与结构分析工作,调查设计和分析的难度较大。

② 投射技术的设计和实施需要依赖经过专门训练的研究人员,依赖一定的物质和技术条件,还需要邀请符合条件的受访者参与测试,调查费用高。

③ 调查人员对测试结果的解释是主观的,分析起来较为困难,可能导致较严重的解释性偏差。

五、德尔菲法

1. 概述

德尔菲法是一种综合专家的意见和判断，逐步形成统一的结论的特殊调查方法。德尔菲法由美国兰德公司在 20 世纪 60 年代最早提出并采用，最早应用于定性预测。20 世纪中期美国政府执意发动朝鲜战争的时候，兰德公司利用这种方法预测这场战争将会失败。这种方法从此得到广泛认可，后来被广泛应用在各个领域的综合评价中。德尔菲在古希腊传说中是一个预卜未来的神域之地，人们借用德尔菲这个名字作为这种调查方法的名称。

德尔菲法是一种专家调查法，主要采用背靠背通信的方式，而不是面对面讨论的方式来征询专家库中的成员的意见。这种方法的主要优点是克服了面对面讨论中来自其他成员的不同意见的压力，能够使专家充分发表自己的意见，从而能够得到较为客观和真实的判断与结论。德尔菲法的实质是利用专家集体的知识和经验，通过选择一批专家多次填写征询意见表，对那些具有很大模糊性、比较复杂且无法直接进行定量分析的问题进行调查，取得测定结论。

2. 德尔菲法的实施步骤

实施德尔菲法的大致流程为：由调查人员根据需要预测的问题拟定和设计调查表，然后将其寄给选定的专家；收回调查表以后，调查人员综合各位专家的意见并进行整理、归纳和统计，再将结果以匿名方式反馈给各位专家，再次征询意见；反复征询专家意见，直到形成统一的调查结论。实施德尔菲法时，一般需要遵循既定的程序，其工作程序可以分为以下四个具体步骤。

首先，拟定和设计调查表。这是实施调查前必要的准备工作，调查表一般由调查人员根据研究的需要提前拟定和设计，用于征询和收集专家的意见。设计调查表时需要注意：所提供的问题应该接近专家所熟悉的领域，能够充分挖掘和利用专家的经验与意见；问题应该具体和明确，问题的数量并不是越多越好；一般还需要提供与调查表中的问题相关的辅助材料和背景资料，以便专家参考和做出判断。

其次，确定专家组成员。选择和确定所要征询意见的专家组成员也是实施调查的前提和基础，最终获得的结论是否可靠在很大程度上取决于专家组成员的选择以及专家能否做出公正客观的判断。在选择和确定专家组成员时，需要注意：专家组成员的人数要根据问题涉及的领域而定，一般为 8~20 人，对于一些重大问题，专家应当多一些；尽量选择有代表性、业务能力突出、经验丰富、分析和预见能力强的专家；以通信方式分别和各位专家进行联系，避免专家之间相互联系和交流。

再次，反复征询专家意见。调查活动的组织者给专家发送事先拟定的调查表请他们填写意见，然后综合各位专家反馈的意见，整理后再次发送调查表进行第二轮的意见征询，依次进行第三轮、第四轮等的意见征询。总之，这是一个征询意见、反馈、集中、再征询、再集中、再反馈的过程，通常需要经过几轮的反复征询，最终得到趋于一致的结论。征询的轮次和时间间隔是不固定的，需要根据调查内容的复杂程度、专家意见的分散程度等具体情况而定，一般征询 3~5 个轮次,每两个轮次间隔的时间为 7~10 天。

最后,综合多轮次收集的意见,进行整理、归纳和统计,形成最终的调查结论。

3.德尔菲法的优缺点

(1)德尔菲法的优点

① 参与意见征询的专家组成员不能见面,彼此之间也不直接联系,而是采用背靠背通信的方式进行交流,这就消除了来自权威的影响,使专家能够充分发表自己的意见。

② 征询专家意见的过程是一个多次反馈的过程,一般要经过 3~4 个轮次的意见征询。根据调查要求设计的调查表是征询专家意见的工具,调查人员需要对每一轮专家反馈的意见进行整理、汇总、统计等,以此作为下一轮意见征询的基础。经过多轮次的意见征询和反馈,最终得到趋于一致的结论。

③ 对于每一个轮次专家反馈的意见,调查人员可以从不同的角度进行定量化的处理,从而使意见征询的过程更加科学,得到的结论也更加可靠。

(2)德尔菲法的缺点

① 依赖专家的主观判断。调查结论建立在专家多次反馈意见的基础上,结论是否可靠在很大程度上取决于专家的主观判断。虽然专家组成员都是某一领域的专家,但他们对于所调查问题的理解程度各不相同,做出的判断也可能存在较大的差异,没有统一的客观标准。因此,这种方法主要适用于缺乏历史资料或未来不确定因素较多的情况。

② 依赖调查人员的知识水平。调查表是征询专家意见的工具,一般由调查人员拟定,其质量主要取决于调查人员的专业知识和科研素养,或多或少地体现了调查人员本人的观点。如果调查人员的知识水平不高或观点不正确,则有可能导致调查失败。

③ 调查周期较长。为了得到趋于一致的结论,往往需要进行多个轮次的意见征询和反馈。每个轮次都要经过发送调查表、收回调查表、整理和归纳反馈意见的过程,这就需要持续较长的时间才能得到最终的结论。

④ 可能受到专家中途退出的影响。专家的中途退出可能影响调查的准确性,因此利用德尔菲法进行调查时必须事先征求专家的意见,并且充分说明实施程序,以确保各位专家能够自始至终参与其中。

4.德尔菲法的应用

德尔菲法早期用于科技领域的定性预测,后来应用范围逐渐扩大到其他各个领域,如军事预测、人口预测、医疗保健预测、经营和需求预测、教育预测等。目前,德尔菲法已经在各个领域得到了广泛的应用。除了用于预测以外,德尔菲法还常用来进行综合评价、决策和管理规划等。

德尔菲法常用于企业经营和市场需求预测。例如，图书经销商可以采用德尔菲法对某一图书的销售量进行预测。具体实施时，经销商首先要确定参与预测的专家，可选择书评家、读者代表、书店经理、图书编辑、销售代表等相关人员；然后将事先设计好的调查表和与该图书相关的背景材料一起发送给专家组成员，要求各位专家对该图书的最低销售量、最高销售量和最可能的销售量分别做出预测，并说明做出此判断的理由；收集各位专家反馈的意见并进行归纳整理，再将其发送给各位专家，请他们参考其他人的意见并再次做出预测；收集各位专家修正后的反馈意见，进行整理、归纳并将其发送给各位专家进行第三次预测；如果第四次预测时所有专家的意见趋于一致，意见收集过程到此结束，不再进行新一轮的意见收集。最终得到的预测结果为：该图书的最低销售量为 26 万册，最高销售量为 60 万册，最可能的销售量为 46 万册。

德尔菲法还可以用于各种评价指标体系的建立和具体指标的确定，以便对事物做出综合评价。例如，对某项目进行投资评价时，需要评估该项目的市场吸引力。评估时，需要列出该项目市场吸引力的若干影响因素，包括整体市场规模、年增长率、历史毛利率、竞争程度、对技术的要求、对能源的要求、对环境的影响等。然后分别赋予这些影响因素一定的权重并求和，便可构建市场吸引力这一综合评价指标。在确定每一个影响因素的权重时，需要由管理人员根据主观经验进行判断。这时，可以采用德尔菲法收集不同管理人员的意见，最终确定市场吸引力这一综合评价指标。

六、在线定性调查方法

在线定性调查方法是传统定性调查方法在互联网环境下的拓展和延伸。伴随着互联网的发展而出现的在线定性调查方法主要有在线焦点小组访谈、在线深度访谈、在线社区调研等。

1. 在线焦点小组访谈

在线焦点小组访谈是焦点小组访谈在互联网上的应用，其主要特点是强调小组内部成员间的互动，并且可以将分散在不同地域的受访者通过互联网组织起来，在主持人的引导下进行讨论。在线焦点小组访谈是最重要的在线定性调查方法之一。

在线焦点小组访谈主要有两种形式：一种是实时访谈，另一种是非实时访谈。实时访谈也称为同步在线小组访谈。在实时访谈中，在线小组一般由 8~10 个受访者组成，受访者在主持人的协调下，通过群组聊天软件或者聊天室等参与讨论，交流的信息可以立即展示，讨论时间一般不超过 50 分钟。实时访谈具有快速、热烈、互动性强等特点，适合那些简单、直接、能够在限定时间内得出结论的问题。客户可以观察在线访谈的情况并与主持人交流。非实时访谈也称为非同步焦点小组访谈或电子公告牌焦点小组访谈。在非实时小组访谈中，每天会发布一些问题，不需要受访者同时参与讨论，受访者可以在适当的时候回答其他受访者提出的问题，或提出问题让其他人评论。主持人每天查看讨论的内容，负责回答受访者提出的问题，就讨论的内容进一步提出问题或调整讨论方向。非实时访谈可以克服各地时差不同、受访者录入数据的速度不同等问题，特别是在需要详细的信息、要求受访者进行思考时比较适用。

在线焦点小组访谈具有传统焦点小组访谈的优点，可以在相对较短的时间内以相对较少的费用收集到丰富的、详尽的、能洞察人们内心的数据。同时，在线焦点小组访谈还具有传统焦点小组访谈所不具备的优势，具体体现为以下几点。

① 访谈不受空间限制，处于不同地域的受访者可以进行实时、同步的讨论。

② 受访者在讨论时受到的群体压力更小，可以更加真实地表述自己的想法。

③ 便于那些由于时间或职业限制而在线下很难接触的特殊人群（如医生、律师等）参加在线访谈。

④ 在访谈过程中，主持人与受访者之间的协调与沟通更加方便，有助于访谈更加顺利、有效地进行。网络技术的不断发展为在线焦点小组访谈提供了技术保障，使之能够结合网络参与者的特点，在传统焦点小组访谈的基础上不断改进，适用性得到提高。

在线焦点小组访谈的缺点在于：讨论可能过于分散或差异性不够，导致分析困难；对受访者之间的互动的要求高，对主持人的要求也很高；对在线访谈的环境、地点、时间和设备等有较严格的要求。

在线焦点小组访谈主要利用互联网聊天软件或聊天室等将受访者组织起来进行实时的讨论。虚拟的网络聊天室提供了多人同步讨论的功能。利用这一功能并辅以一定的网络抽样方法，可以实现网上的小组座谈会调查，其具体步骤一般如下[①]。

① 受访者收到网页地址以及如何参加在线焦点小组访谈的指导说明。

② 受访者在讨论前几分钟进入指定网址，看到讨论信息页（座谈会首页），首页提供受访者将要讨论的内容以及如何参加讨论的说明。

③ 受访者点击链接进入新的调查页，每人选一个昵称进行小组讨论。

④ 在讨论过程中，讨论窗口会显示受访者参与讨论的内容。

2. 在线深度访谈

在线深度访谈是传统深度访谈在互联网上的应用。在线深度访谈类似于传统深度访谈，由研究者对一人或者多人进行网络访谈，可以通过电子邮件或实时音视频软件进行访谈。根据访谈工具的不同，在线深度访谈可以细分为三种形式：电子邮件深度访谈、实时音频深度访谈和实时视频深度访谈。

在访谈对象的选择上，在线深度访谈与传统深度访谈相似，更多地注重研究目的而不是受访者的代表性，往往寻找某个领域内愿意接受采访的对象进行访谈。对于符合要求的受访者，一般事先通过电子邮件征求对方的同意。

① 柯惠新. 互联网调查研究方法综述（下）. 现代传播[J]. 2001 年第 5 期.

除了具有传统深度访谈的优点以外，在线深度访谈还具有以下优点。

① 便于找到数量充足、分布在不同地域、具有多样性的受访者。

② 便于接触那些符合研究要求、具有某些经验或特性、线下访谈时难以接触的特殊人群。

③ 受访者在接受访问时不容易受到调查人员的影响，回答可能更加深入和理性。

④ 便于对访问过程进行记录、整理和分析，更加省时省力。

在线深度访谈的缺点主要体现在：受访者的参与度可能低于线下直接面对面的接触和交流；对于网络安全和隐私的担忧可能会影响受访者接受访问的意愿，他们会产生一些顾虑。

在线深度访谈的实施过程一般包括以下基本步骤。

① 做好访谈前的准备工作，包括设计访谈提纲、确定访谈形式等。

② 选定参与者或受访者。

③ 通过电子邮件、音视频软件与受访者进行深层次的讨论。

④ 分析访谈结果，得出结论并提交报告。

3．在线社区调研

在线社区又称网络社区，一般由一组经过精心挑选的消费者组成，他们在网络社区上进行多种形式的、持续的在线讨论和交流，包括与主持人互动、回答问题、参与投票等。这些消费者在网络社区中所讨论的问题往往是他们感兴趣的话题，讨论一般以"对话"的方式进行，话题随着讨论的深入不断丰富。在线社区讨论一般持续数天或长期进行，通常是 6 个月到 1 年，社区成员要定期回答主持人发布的问题。

在线社区调研具有快速、灵活等优点，能够与消费者保持持续的联系和交流，以便调查人员快速做出决定。具体而言，在线社区调研有以下优点。

① 讨论不受空间限制，可以快速收集来自不同地区的消费者对相关主题的意见；讨论不受时间限制，消费者可以自由、灵活地参与在线讨论并发表自己对相关主题的看法。

② 通过在线社区的方式收集消费者的想法和意见时所需要的花费相对较低，因为不需要租用场地，主持人不需要全程在线，只需要定期发布话题和参与互动。

③ 在线社区的形式和氛围为消费者创造了一个轻松的讨论环境，有助于企业与消费者进行深度沟通。

④ 在线社区为消费者创造了一个自由而开放的交流空间，彼此间的相互交流有助于激发消费者产生驱动企业创新的想法。

相对于传统定性访谈，在线社区调研的缺点如下。

① 在线讨论受到文字表达的限制，对受访者的文字表达能力有一定的要求。

② 由于缺少主持人的全程参与，讨论很难特别深入。

③ 无法观察受访者参与讨论时的表情和语气等，很难判断受访者的真实想法。

④ 网络社区在运行中可能出现各种技术问题（如注册登录问题、图片文件上传问题等），需要专业人员进行维护和控制。

在线社区调研具有快速、灵活等优点，能够与消费者保持持续的联系和交流。将在线社区调研获得的观点和想法与传统市场调查手段结合并快速应用到传统市场调查活动中，可以发挥更大的作用。在实际运用中，可以将在线社区调研与传统调查方法相结合，二者的调查结果互为参照和补充，促进新的调查模式的产生。

思考题

1. 常用的定性调查方法有哪些？

2. 有哪些在线的定性调查方法？

第五章

问卷设计

问卷调查是市场调查中最常用的方法之一。当采用问卷调查的方法收集资料时，需要设计收集数据所使用的调查问卷。问卷设计是市场调查过程中的重要环节，也是市场调查设计的主要内容之一。问卷设计的好坏直接影响调查人员和问卷填答者对问卷内容的正确理解，关系着调查中的测量误差，从而影响调查质量。

问卷设计需要遵循一定的程序和步骤，讲究一定的技巧。设计者必须结合调查目标合理地设计问卷的主体内容，考虑问卷的格式、问句的设计、备选答案的设计等方面的内容。本章主要讨论问卷的特点、作用、结构，以及问卷中问题的设计和问卷设计质量评价等。

一、概述

1. 问卷的定义和特点

问卷又称调查表，是向受访者收集资料的一种工具。问卷是按照特定的调查目的和要求设计的，由一系列问题、备选答案和填答说明等组成。调查问卷在形式上是一份经过精心设计的问题表格，用以测量人们的特征、行为和态度等，是一种高度规范化、标准化的资料收集工具。调查问卷广泛地应用在统计学、社会学、心理学、管理学、经济学等研究领域。

调查问卷一般用在定量调查中，具有标准化、结构化的特点。首先，问卷提供标准化、统一化的数据收集模式。问题的内容、排列顺序、填写要求都是统一的、标准化的。其次，提问程序是标准化的，回答范围是标准化的。问卷限定了访问员在标准化、统一化的问题框架内提问，受访者也针对限定的问题作答。这样可以最大限度地减小调查过程中由调查人员和受访者引起的误差。最后，可对调查结果进行统计分析，因为数据收集模式是统一化和标准化的。

2. 问卷的作用和分类

问卷的作用主要是作为提问、记录和编码的工具，用于一手资料的收集，具体来说体现在以下几个方面：将笼统、抽象的问题或概念转化为受访者可以回答的一系列具体问题，提高资料收集的准确度和真实性；通过一系列问题实现提问的标准化，减小由调查人员引起的计量误差；用于记录受访者回答的内容以及调查时间、调查地点、调查人员、调查时长等信息；用于编码，以便录入调查结果。

根据调查方式的不同，调查问卷可分为面访调查问卷、电话调查问卷、邮寄调查问卷、网络调查问卷等几大类型。其中根据面访形式的不同，面访调查问卷又可以细分为入户访问问卷、拦截访问问卷等类型。调查方式不同，问卷的具体形式、设计要求等也存在一定的差别，我们在设计问卷时需要根据不同的调查方式来区别对待。

根据问卷填答方式的不同，可以将问卷分为自填式问卷和代填式问卷。这两种问卷都由一系列问题和备选答案构成，但它们所面对的对象是不同的。自填式问卷直接面对受访者，由受访者按照问卷要求和填答说明自行填答。代填式问卷则直接面对调查人员，由经过专业培训的调查人员按照问卷要求，根据受访者的口头回答来填写问卷。自填式问卷主要适用于邮寄调查、网上问卷调查、留置式调查等，代填式问卷则主要适用于电话调查、面访调查、座谈会调查等。这两种问卷面对不同的对象，适用于不同的调查方式，我们在设计问卷时也应该有所区别。

3. 问卷的一般结构

问卷一般由开头、正文和结尾组成，具体构成内容包括标题、问候语、填答说明、主体、背景资料、编码、致谢语等。

（1）标题

调查问卷一般要有一个标题。标题一般用于概括问卷的研究主题，点明涉及的调查对象和调查范围。受访者可以通过问卷标题来了解调查的主题是什么，对将要回答哪方面的问题有一个大致的了解。

问卷标题应简明扼要，易于引起受访者的兴趣，不要用像"问卷调查"这样的标题。问卷标题一般还要求准确、具体，容易理解。例如，"首都居民电影消费行为调查"这个标题简洁明确地传达了研究主题——电影消费行为，点明了调查范围——首都，也指明了所涉及的调查对象——居民。在网络问卷调查中，为了引起网友的兴趣，可以考虑在标题中采用网络化的表达方式或者网友容易理解的简称。例如，将"网络直播购物对大学生消费行为的影响"这个标题中的"网络直播购物"替换为"网络直播带货"，可能更容易被受访者理解和接受。

（2）问候语

问卷的开头一般是一段简短的问候语。问候语的作用是消除受访者的疑虑，激发其参与意识，争取他们的合作，因此语气要尽量亲切、诚恳、有礼貌。问候语的内容主要是交代调查人员的身份、调查的主题、调查的目的和意图、保密原则、奖励措施等，应简明扼要。请看下面的例子。

亲爱的朋友：

您好！我们是×××大学调查统计研究所的调查员，正在进行一项有关电影消费行为的问卷调查，目的是了解居民观看电影的消费行为特点，从而为电影事业的发展提供参考依据。本次调查收集的数据仅供研究使用，我们会对您的个人信息严格保密，请您放心回答。

衷心感谢您的支持！

×××大学调查统计研究所

这段问候语首先交代了调查人员的身份"×××大学调查统计研究所的调查员"，紧接着说明了调查的主题"有关电影消费行为的问卷调查"，说明调查的目的是"了解居民观看电影的消费行为特点，从而为电影事业的发展提供参考依据"，并告诉受访者"调查数据仅供研究使用，我们会对您的个人信息严格保密"，以消除其疑虑，让其放心回答。

（3）填答说明

填答说明又称指导语，是用来指导受访者正确填答问卷的说明文字。填答说明一般放在主体内容的前面，也可以分散放在相关问题的前后。填答说明的作用是说明回答问题的方法、要求和注意事项等，帮助和规范受访者回答问题。自填式问卷中的填答说明尤其重要，在没有调查人员指导的情况下，填答说明能够帮助受访者按照问卷的要求填答问题。

问卷中填答说明的常见形式有：说明填写问卷的方法，提示选择题为多选题或单选题，提示排序题的填答规则，提示跳答题的前后逻辑关系和回答要求，等等。例如，"请在每一个问题后适合你的情况的选项序号上画圈""如无特殊说明，每一个问题只能选择一个选项""请按重要程度排列顺序""若不是，请跳至第 6 题继续作答"。填答说明的位置应醒目，表述应容易理解、详细清楚。

（4）主体

问卷主体一般由一系列问题和选项组成，是调查问卷中最重要的部分。调查人员主要通过这些问题和选项来收集所需要的资料。因此，主体内容的设计是问卷设计的重点和难点。设计问卷的主体内容时，不仅要确定各个问题的内容、形式，还要确定各个问题的措辞以及排列顺序等。这是问卷设计中最重要的环节，也是最考验设计者的技巧、灵活性和创造性的部分。本章后面将会对这部分内容进行详细的介绍。

（5）背景资料

受访者的有关背景资料是问卷必不可少的一部分，通常由一组与受访者有关的问题和选项组成。问卷中的背景资料是为了了解受访者的主要特征而设计的，要了解受访者的哪些主要特征则是由研究者经过预先的分析来决定的。需要了解的受访者的有关背景资料一般包括受访者的年龄、性别、教育程度、婚姻状况、职业、收入、所在地区等。

（6）编码

编码是指为问卷中的问题和选项编写统一设计的代码。在经过编码的问卷中，每一个问题和每一个选项都有一个对应的代码，这个代码可以将问卷所包含的信息转换为计算机可识别的符号，以便工作人员将问卷信息录入计算机中进行处理和分析。问卷中的编码包含问卷编号，也包括各个问题及其各个选项的编号。

（7）致谢语

致谢语一般置于问卷的最后，用于表达对受访者的感谢。致谢语可以是简短的一句话，比如"感谢您的配合""谢谢您的参与"等。

以上内容在问卷中不一定都是必不可少的，有时个别内容可以省略。比如，有的问卷由于篇幅有限可能会省略标题、问候语、致谢语和编码中的部分内容，前提是不影响受访者顺利完成问卷的填答。除了上述内容以外，问卷中还可能包括一些其他信息，比如填写日期、填写时长、调查人员的姓名、复核人员的姓名、受访者的住址和联系方式等。问卷的构成内容如何安排，要根据调查的具体情况来定。

二、问卷设计的程序

在市场调查实践中，各个调查项目的调查目的、调查内容、调查方法等各不相同，这决定了不同的调查项目对问卷设计的要求各不相同，相应的问卷设计工作应有所侧重。尽管问卷设计根据实际情况有所差异，不存在可以套用的统一模式，但问卷设计的基本原则和程序是相同的。问卷设计一般遵循以下步骤，如图 5-1 所示。

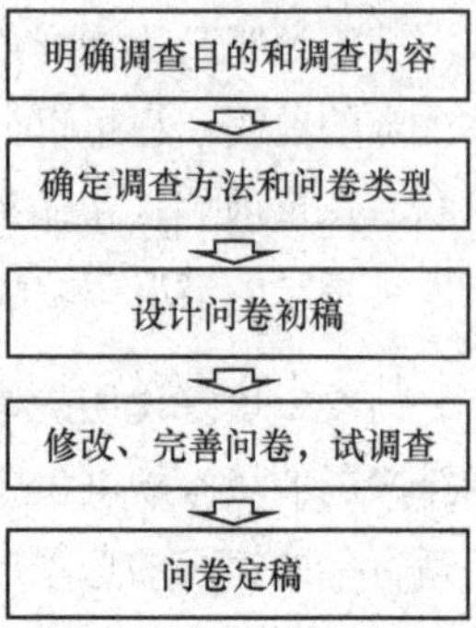

图 5-1　问卷设计的一般步骤

1．明确调查目的和调查内容

设计问卷前，首先要明确调查目的，即通过调查要获取哪些方面的信息。市场调查的目的一般取决于营销问题的界定，即委托者要通过市场调查解决什么营销问题，为此需要收集哪些方面的信息。因此，研究者在设计调研方案时就需要和委托者反复、充分地沟通，深入了解委托者的营销问题和调查需求，以此来确定调查目的和调查内容。在设计和制定市场调查方案时，研究者一般会对调查目的、调查内容、调查对象、调查方式等做出预先的规划和安排，这为问卷设计指明了基本方向。

在明确调查目的以后，也就基本上确定了主要的调查内容、需要验证的理论假设、需要获取和收集的信息等。只有明确了这些项目，问卷中问题的设计才能够充分体现调查的主题，从而达到调查目的。因此，在问卷设计初期，研究者应该尽可能地列出所有需要验证的假设和解决待调查的问题所需获取的信息，然后根据调查主题对这些内容进行筛选，形成问卷的基本结构。

2．确定调查方法和问卷类型

在明确调查目的和调查内容以后，研究者还需要确定用什么样的方法来收集信息，即采用什么方式与受访者接触。调查方法决定了问卷的类型，采用的调查方法不同，问卷的内容、长短、形式等都有所不同。前面讲过，常见的几种问卷调查方法有入户访问、拦截访问、电话调查、邮寄调查、网络问卷调查等。

研究者应根据不同调查方法的优点、缺点和适用范围，结合调查目的、调查内容以及实际情况选择最合适的调查方法。入户访问和拦截访问等面访调查具有回答率高、数据质量容易控制、调查内容广泛复杂、适用性强等优点；缺点是投入的人力多，成本高，调查周期较长，不适于调查敏感问题。电话调查的优点是投入的人力较少，成本较低，调查周期较短，调查过程与数据录入结合在一起；缺点是回答率较低，调查内容有限制，不能展示实物。邮寄调查的优点是投入的人力较少，费用较低，但缺点也很明显，如问卷回收率低，调查周期长，数据质量不易控制，容易产生误答、错答、缺答等，调查内容有限制，对受访者的文化程度有一定的要求。网络问卷调查的使用频率近年来越来越高，使用范围越来越广，这得益于互联网的普及和网民数量的不断增加。网络问卷调查的显著优点是成本低，速度快，数据收集效率高，调查不受时间、地域限制，而且可以利用在线固定样本组来选择样本和提高样本的代表性；但由于互联网的匿名性，问卷回答率低，数据质量不易控制，对调查问题的探讨难以深入。

3．设计问卷初稿

设计问卷初稿就是初步确定问卷中各个问题的内容、形式和排列顺序，其中问题的内容是问卷设计的重点。设计问卷中各个问题的内容，就是依据调查目的和调查内容，确定问卷中具体包括哪些问题以及调查人员应该询问什么内容。各个问题的内容确定以后，接下来确定来各个问题的形式和措辞。问卷中的问题主要有封闭题和开放题两种类型。问卷的设计者需要在了解不同题型的优缺点和适用范围的基础上确定各个问题的具体形式。各个问题的措辞和语言表述也十分重要，因为这会直接影响到受访者对问题的理解，进而影响信息获取的质量。最后，研究者还需要拟定各个问题的排列顺序，完成问卷初稿的设计。

4．修改、完善问卷，试调查

这个阶段的任务是对问卷初稿进行修改和完善，测试问卷并形成终稿。在这个阶段，研究者需要对问卷初稿中各个问题的内容、形式和措辞进行反复推敲，检查问卷的结构是否合理以及各个问题的排列顺序是否恰当，并从受访者的角度考虑实际回答情况，仔细检查可能存在的问题和错误，必要时可重复前几个步骤对问卷进行修改和完善。

在问卷正式定稿以前，一般还要对问卷进行测试，经过试调查后再正式投入使用。问卷测试的目的主要是检验问卷在实际调查中有何问题，有哪些需要修改和调整的地方，以便发现问题后及时修改，删除不必要的问题，形成问卷终稿。一般通过小规模的试调查进行问卷测试，测试时尽可能使用调查的子样本（即调查总体中的一小部分）。

三、问卷中问题的设计

问卷中问题的设计涉及问题的内容、形式、措辞以及排列顺序等几个方面，下面依次展开介绍。

1．问题内容的设计

设计问题的内容，即确定问卷中包括哪些问题以及这些问题询问的具体内容是什么。问卷中包含哪些问题和询问哪些内容一般取决于调查主题，研究者应围绕调查主题来设计问题的内容。确定问题内容的过程就是调查主题的操作化，即将抽象、笼统的调查主题转化为可测量的若干具体问题。例如：某项调查的主题为某产品的购买情况，该调查主题经过操作化以后可以转化为以下具体问题，如购买经验、购买品牌、购买价格、购买数量、购买时间、购买渠道、购买频率、购买提议者、购买决定者、品牌选定者、付款方式，以及选择该产品或品牌的原因。

设计问题的内容时，不仅要围绕调查主题进行，还要考虑调查目的、调查对象、调查时间、调查地域以及调查形式等多种因素。如果以上因素导致有些问题的信息不能有效获取或有些问题不适合在问卷中出现，就要及时调整问题的内容，或者考虑用其他方法来获取。比如，如果问题的内容对于调查对象来说较为敏感，或者涉及受访者的隐私，可能导致受访者拒绝回答或不愿意回答，这样的问题就不适合出现在问卷中，研究者应该考虑用其他方法来获取相关信息。

设计问题的内容时，具体应考虑以下几点。

第一，问题的内容是否合理，能否有效获取所需要的信息。问卷中每个问题的内容应尽量让受访者能够正确地回答，并且愿意给出正确的答案，这样研究者才能有效获取所需要的信息。

第二，问题的内容是否有助于实现调查目的。研究者应考虑问题所询问的内容是否和调查主题紧密相关，如果问题的内容和调查主题无关，或者遗漏了必要的问题，那么就会影响调查目的的实现。

第三，问卷中的每个问题是不是必要的。如果某个问题所询问的内容和主题无关，或者某个问题所收集的信息对研究者来说没有用途，或者已经存在内容重复的问题或同类问题，那么这个问题就是不必要的，应该从问卷中删除。

第四，问题的数量是否恰当。问卷中问题的数量应该控制在合理的范围内，最好在受访者可以接受的范围以内，否则会引起受访者的反感和不耐烦，从而导致访问中断。

2．问题形式的设计

问卷中的问题主要有封闭题和开放题两种类型，其中封闭题包括二项选择题、多项选择题、排序题、矩阵题等题型。

（1）开放题

开放题不给出固定选项，没有设置可供选择的答案，由受访者用自己的语言自由回答，回答是开放式的。请看下面的例子。

① 对于改进电影院提供的产品和服务，您有什么意见或建议？

② 如果谈到手机，您会联想到哪些品牌？

_____

开放题主要有以下几个优点。

第一，可以让受访者自由发表看法和意见，防止固定选项对受访者的影响和诱导，得到的信息较为真实。

第二，受访者对问题的回答较为充分，由于回答不受限制，回答的内容较为具体和详细。

第三，受访者用自己的语言自由作答，因此研究者可能收集到一些意想不到而又很重要的信息，或者一些容易被忽略的信息。

开放题主要有以下缺点。

第一，回答内容不易整理，不利于分类汇总和统计分析。由于受访者从不同的角度回答问题，语言各异，研究者得到的回答可能很难进行归类和整理，难以进行统计分析。

第二，回答率较低。回答开放题时，受访者需要进行较复杂的思考和组织语言，回答意愿相对较弱。

第三，受访者文字表达能力的差异可能使回答结果产生偏差。文字表达能力突出的受访者的回答可能较为充分和详细，而文字表达能力差的受访者可能无法充分表达自己的想法。

总之，开放题能可以为研究者提供丰富的信息，有助于了解受访者的详细想法，收集一些容易被忽略的重要信息，但开放题的回答内容不利于统计分析，需要进行分类和归纳整理。开放题可用于问卷的开发和测试，能够为封闭题提供必要的补充。开放题的回答还可用于广告主题的确定和文案设计等。

（2）封闭题

封闭题有固定选项，要求受访者从这些固定选项中进行选择。封闭题的主要形式有二项选择题、多项选择题、排序题以及矩阵题等。

二项选择题也称是非题，是多项选择题的一个特例。二项选择题一般只设两个选项，如"是"与"否"、"有"与"没有"、"知道"与"不知道"。请看下面的例子。

① 您使用手机吗？

□ 是　　□ 否

② 在近三个月内，您有没有购买过某品牌的手机？

□ 有　　□ 没有

二项选择题易于理解和回答，结果易于统计分析，但很难用来测量那些较为复杂的态度和情感倾向。如果用二项选择题来测量受访者的态度或情感倾向，容易产生较大的测量误差。

多项选择题要求受试者从多个选项中选择一个或者几个，是调查问卷中采用最多的一种问题类型。请看下面的例子。

① 您目前使用哪个品牌的电视机？

☐ 海尔　　　　☐ 海信　　　　☐ 长虹

☐ 康佳　　　　☐ 小米　　　　☐ 其他

② 您在选购电视机时主要考虑以下哪些因素？

☐ 产品质量　　☐ 产品价格

☐ 品牌知名度　☐ 售后服务

☐ 广告宣传　　☐ 其他

多项选择题设置了多个选项，方便受访者进行选择。多项选择题的结果也易于整理和统计分析，但多项选择题的设计往往需要较高的技巧，尤其是选项的设计。设计多项选择题时，首先应避免各个选项互相包容；其次选项应穷尽所有的可能性，研究者在不确定选项是否完备时，可设置"其他"选项，以覆盖所有可能的回答。

排序题列出多个选项，要求受访者按重要性确定其先后顺序。排序题要求受访者对不同选项的重要性进行比较。请看下面的例子。

① 您最常使用的手机 App 是____，其次是____，再次是____。

☐ 微信　　　　☐ 今日头条　　☐ 手机百度

☐ 喜马拉雅　　☐ 支付宝　　　☐ 腾讯 QQ

☐ 手机淘宝　　☐ 网易音乐　　☐ 抖音　　　　☐ 其他

② 在选购手机时，对于以下因素，请您按照自己所认为的重要性进行排序（从重要到不重要的序号依次为 1、2、3、4、5，请您将序号填写在选项后的括号内）。

产品质量（　　　）　　产品价格（　　　）　　　　品牌知名度（　　　）

售后服务（　　　）　　广告宣传（　　　）

矩阵题是指将若干同类问题及几组选项集中在一起排列成一个矩阵，由受访者按照题目要求选择答案。矩阵题将同类问题集中排列，便于受访者阅读和填写，可以节约填答时间。请看下面的例子。

您对所购买的知识付费产品的满意度如何？（请在相应的空格内画钩。）

满意度	很不满意	不太满意	一般	比较满意	非常满意
内容质量					
产品形式					
使用体验					
售后服务和反馈					
价格合理性					
实际学习效果					

与开放题相比，封闭题的主要优点如下。

第一，问题的标准化程度高，调查结果便于处理和统计分析。

第二，受访者填答方便，回答率较高。

第三，问题的填答速度较快，节省调查时间。

封闭题的主要缺点如下。

第一，受访者的选择可能不能准确代表其真实想法。

第二，给出的选项可能对受访者产生影响和诱导。

设计问题的形式时，问卷设计者需要了解不同问题类型的特点和适用范围，在此基础上确定各问题的具体形式。在确定问题的形式时还应注意以下几点。

第一，采用的问题形式必须基于能尽可能准确地收集到更多的有用信息。

第二，不能忽略受访者的感受，尽量采用简单的问题形式，充分考虑敏感性问题对受访者的影响。

第三，要考虑标准化问题，在满足分析目的的前提下，尽量保持指标口径的通用性，这样便于在同类问卷的调查结果之间进行比较、分析，提高数据的利用价值。

第四，要兼顾数据分析的便利性，考虑最终分析所需要的数据类型。

3．问题措辞的确定

问卷中问题的措辞直接影响受访者对问题的理解，进而影响信息获取的质量。问题的措辞应尽量准确、清晰，容易理解。在确定问题的措辞时，一定要考虑受访者的文化水平、职业、年龄等特征。具体来说，问题的措辞主要有以下几个方面的要求。

（1）通俗易懂，避免使用专业术语

问题的表述应尽量做到通俗易懂，避免使用受访者不熟悉的专业术语和简称等。例如，"您是否使用过 UGC 的相关应用"，该问题中的 UGC 是指互联网上由用户生产内容的模式，是一个专业术语，对互联网行业不熟悉的受访者很难理解它的含义，这样的专业术语在问题中应尽量避免。再如，"您使用电子商务 BTC 的原因是什么"，该问题中的 BTC 是指面向个人消费者的电子商务模式，非专业人士无法领会其含义，这样的术语在问题中也应该避免出现，我们应尽量使用受访者容易理解的方式来表述。另外，如果在问题表述中需要使用某些专业术语或较为复杂的概念，应该在问卷中对这些特定的术语和概念进行解释或界定，以便受访者对此有一致的理解。

（2）用语简洁，尽量用简单句

表述问题时的用语应简洁，不要太复杂，尽量使用简单句。如果用语复杂，冗余信息过多，就可能增加受访者理解的困难，不利于受访者对问题的回答。句子过长或句子的结构过于复杂，也不利于受访者快速理解问题，我们应尽量用简单句来表述。例如，"对于目前市面上出现的各种不同的洗发水品牌，您更偏爱哪个品牌"这个问句可以直接用简单句来提问，改为"您喜欢哪个品牌的洗发水"。

（3）表述准确，含义清楚

问题的表述必须准确、清楚，不要模糊、隐晦，避免多义和歧义等。受访者在文化水平和知识经验等方面存在较大的差异，如果问题的措辞不准确，含义不清晰，就可能造成受访者不同的理解，从而影响调查结果。因此，问题的表述应当准确、清晰。在问卷中尽量避免出现以下两种问题。

① 不具体的问题。不具体的问题是指问题中的某些表述是模糊的，从而导致受访者的回答不准确，不符合调查要求。例如，"请问您是哪里人"，该问题中关于"哪里人"的表述模糊，受访者可能的回答包括出生地、籍贯、居住地、国籍等。我们在提问时应该具体到出生地或籍贯等，可以将该问题改为"请问您的籍贯是哪里"或者"你目前的居住地是哪里"。再如，"您的个人收入是多少"，该问题中关于"个人收入"的表述是不具体的，受访者无法确定是月收入还是年收入，是税后收入还是税前收入，是工资还是包括津贴和奖金等在内的所有收入。为了得到较为准确的回答，我们在提问时应该具体到时间段和收入来源，可以将该问题改为"过去一年，您个人的各种来源的总收入是多少"。

② 双重问题。双重问题是指一个问题中实际包含了两个问题，导致受访者无法做出符合实际情况的回答。例如，"您喜欢该产品的口味和包装吗"，该问题中实际包含了两个问题，即"是否喜欢该产品的口味"以及"是否喜欢该产品的包装"。如果受访者喜欢该产品的口味而不喜欢该产品的包装，就无法简单地用"是"或"否"来回答这个问题。解决办法是将这个问题拆分为两个问题，分开提问。再如，"您对该款手机的价格和功能满意吗"，该问题中则包含"对该款手机的价格是否满意"以及"对该款手机的功能是否满意"两个问题，也应该分开提问。在问卷中应该避免出现类似的双重问题，注意问卷中的一个问题应该只包含一项内容。

（4）措辞中性，避免引导性和暗示性

问卷中的问题还应尽量采用中性、客观的措辞，应避免引导性和暗示性。若提出的问题暗示调查人员的观点和态度，使受访者跟着这种倾向回答，这种提问就是引导性提问。引导性提问会导致受访者按照问题中暗示的态度或观点回答问题，调查人员无法得到真实、客观的信息。请看下面的例子。

① 专家认为喝咖啡有益于健康，您同意吗？

□ 同意　　　□ 不同意　　　□ 不确定

② 多数电影院的观众喜欢看警匪片，您也喜欢吗？

□ 喜欢　　　□ 不喜欢　　　□ 不确定

问题①中先给出专家的观点，再询问受访者对此是否同意，受访者在回答时很容易跟随专家的倾向，从而使回答不真实。为了避免对受访者的引导，该问题可以改为"喝咖啡有益于健康，您同意这个观点吗"。问题②具有一定的暗示性和诱导性，容易影响受访者的回答。该问题可以改为"您去电影院喜欢观看哪种类型的影片"。

引导性问题和暗示性问题往往反映了调查人员的观点或态度，容易造成测量的系统性误差。为了得到受访者的真实回答，减小问卷测量中的误差，问题的措辞应该避免诱导性和暗示性。

4．问题排列顺序的确定

问题的排列顺序不同，可能导致受访者的回答存在差异，产生不同的调查结果。问卷结构不合理，问题排列混乱，可能导致受访者产生反感情绪，影响其回答问题的意愿。例如，在问卷中将需要受访者思考的主观性问题放在最前面，就有可能让受访者反感，降低回答问题的意愿，甚至放弃继续回答问题。问题的结构和排列顺序混乱，也不利于调查人员提问，调查人员提问时容易出错，导致漏问漏答、错问错答等情况出现。问题排列不当还可能对受访者的回答产生诱导。例如，在询问受访者对某品牌的喜爱程度之前，先询问其对该品牌的看法，可能导致其对该品牌的喜爱程度高于实际情况。

为了避免问题的排练顺序不当导致调查结果出现偏差，我们在设计问卷时应按照受访者的思维习惯、接受心理等来排列问题。问题的排列要符合逻辑，一般遵循先简单后复杂、先客观后主观、先一般后特殊的原则。

（1）问题的排列要有逻辑性

一般将过滤性问题安排在最前面，通过过滤性问题的筛选，可以及早将非调查对象排除在外，节约时间、财力和物力，提高调查效率。将复杂的、敏感的、容易引起受访者反感和厌烦的问题放在后面，可以尽量减轻受访者对这些问题的反感。问题与问题之间的衔接要合理，一般将逻辑上联系较为紧密的问题排列在一起；还应根据问题之间的逻辑关联，妥善地设置跳问和跳答等，注意不要出现逻辑上前后不一致的问题。

（2）先问简单问题，后问复杂问题

问题的排列应当遵循先易后难的原则，即先问简单的、受访者容易回答的问题，后问相对复杂的、受访者不容易回答的问题。例如，在询问受访者喝茶的习惯和频率时，可以先询问受访者是否喝茶，紧接着询问其喝茶的频率。

① 您是否喝茶？

□ 是　　　　　　□ 否

② 您最近一个月喝茶的次数是多少？

□ 1~2次　　　□ 3~4次　　　□ 5~6次　　　□ 7次及以上

（3）先问客观问题，后问主观问题

问题的排列还应该遵循先主观后客观的原则，即先问相对客观的问题，后问主观的问题，主观问题一般放在客观问题之后。客观问题一般询问受访者的实际情况和外在行为等。例如，"您是否有喝茶的习惯"就是询问受访者的外在行为习惯。主观问题一般询问受访者的态度、看法等，需要受访者做出主观评价。例如，"您对喝茶的态度如何"，要求受访者做出主观评价。另外，虽然问卷中关于受访者背景资料的问题询问的是受访者的实际情况，属于客观问题，但一些背景资料涉及受访者的个人隐私，容易引起受访者的防备心理，一般放在问卷的最后。

（4）先问一般问题，后问特殊问题

问题的排列还应遵循先一般后特殊的原则，即将一般问题放在前面，特殊问题放在后面。特殊问题一般包括敏感问题、涉及受访者个人隐私的问题以及开放性问题等。敏感问题属于特殊问题，应当放在靠后的位置，以免引起受访者的警惕和反感，保证调查能够顺利进行。

四、问卷设计的注意事项

1. 遵循问卷设计的一般程序

设计问卷时应按照一般程序进行，设计问题之前的准备工作尤其重要。明确调查的目标和内容、确定调查的具体方式和问卷类型等，这些步骤不仅为问题设计指明了方向，而且明确了问卷的限制条件，保证了问卷设计的有效性、可靠性，还能够提高问卷设计效率，避免后期因发现大量问题而反复修改。

问卷设计是一项较为复杂和细致的工作，需要考虑多方面的因素，而且设计中各个环节都涉及一些需要注意的问题。如果不遵循问卷设计的一般程序，没有意识到问卷设计中应当注意和避免的问题，就很容易使设计出来的问卷出现种种问题。如果没有及时发现和修正这些问题就将问卷投入使用，会影响所收集数据的质量，导致分析结果的准确性和可靠性不高。

2. 从受访者的角度考虑和设计问题

问题设计是问卷设计的重点和核心环节。在问题设计过程中，除了要确定问题的内容、形式、问题表述和排列顺序以外，还应该注意充分考虑受访者回答问题或填答问卷的实际情况以及他们对问题的可能理解，应按照受访者的思维习惯和接受心理来设计问题，避免问卷设计者的主观想象。

问卷开头的语气要尽量亲切、诚恳、有礼貌，好的问卷开头有助于消除受访者的疑虑，激发其参与意识，争取他们的合作。注意，不要问受访者难以回忆的问题。比如，"您在过去一年中用于网络购物的费用是多少"，该问题询问受访者过去一年的网络购物花费，大部分受访者难以准确地回答。为了便于受访者回答，我们可以将时间范围改为"过去一个月"。另外，尽量不问受访者难以回答的问题。比如，"您认为其他人会如何看待这个问题"，该问题超出了受访者的能力范围。

另外，问卷中问题的数量应当适中，应考虑受访者填答问卷的实际情况，尤其是自填问卷过程中的不可控因素。尽量缩短问卷的长度，将其控制在受访者可以接受的范围内，以免引起受访者的反感，影响问卷的填答质量和回收率。

3．注意问卷的版面格式

在问卷定稿前，研究者还需要认真考虑问卷的版面格式。简洁、美观的问卷能够给受访者留下良好的印象，同时体现研究者的专业水平；相反，问卷版面复杂、零乱、不美观，则有可能引起受访者的反感，给受访者留下不好的印象。问卷的版面一般应整齐、美观，便于受访者阅读和作答。设计问卷的版面时，需注意以下几个方面。

① 问卷的版面设计应简洁、大方，保留必要的问卷信息，去除不必要的各种装饰。

② 问卷的外观（包括色彩、印刷工艺、纸张等）尽量精美，注重细节，给受访者留下专业化的印象。

③ 问卷上应留出足够的空间，以便提问、回答、编码以及处理数据，尤其是应给开放题留出足够的空间，让受访者能够充分作答。

④ 问卷中的重要信息可以加以强调，如突出显示或采用特殊的字体、字号等，以引起受访者的重视。

⑤ 问卷中可以适当采用图案和图表，以引起受访者的兴趣，调动其积极性。

五、问卷设计质量评价

问卷设计完成后，可以从问卷的信度和效度两方面对问卷的设计质量进行评价。

1．信度和效度

问卷是一种测量工具，评价问卷测量质量的指标主要有信度和效度，二者分别用来评价问卷测量的可信度和有效性。信度是指受访者对相同或相似问题的回答的一致性，即测量结果的一致性。如果同一个受访者对同一个问题给出了不同的回答，那么这个问题的可信度不高。效度代表了测量的精度，即测量结果相对于实际情况的精确程度。受访者的错误回答、记忆不清、错误猜测、错误理解等都可能导致回答偏离实际情况，使测量的有效性不高。一份优秀的调查问卷应该同时具备较高的信度和效度。

2. 问卷信度的评价

评价问卷信度的方法包括重复测试法、交错法、折半法和内部一致法。

（1）重复测试法

重复测试法是指采用同一测量手段在相同条件下对同一组受访者前后测试两次，根据两次测量的相关系数来检验问卷的信度。通常间隔一段时间在相同的条件下对同一组受访者进行两次测试。前后两次调查得到的相关系数越高，则说明问卷的信度越高。但在重复测试时，有时前一次测试可能对对后一次测试的结果产生影响，从而影响评价的准确性。

（2）交错法

交错法是指研究者设计两份问卷，两份问卷采用不同的问题测量同一主题，针对同一组受访者进行测量，然后根据两份问卷的测量结果的相关系数来评价问卷的信度。得到的相关系数越大，则问卷的信度越高；反之，则信度越低。采用交错法评价问卷的信度，可以避免重复测试法的缺点，但要注意在测量同一主题时，两份问卷在问题的数量、形式、内容以及难度方面都要一致，不同的只是问题的问法和用语等。

（3）折半法

折半法是指将一份问卷中的问题随机分为两组，分别检验两部分测量结果的相关系数，根据相关系数来评价问卷的信度。如果两部分测量结果的相关系数大，则认为问卷是可信的；反之，则认为问卷是不可信的。

（4）内部一致法

内部一致性法利用量表中题项的同质性来评价问卷的信度。如果这些题项在测量同一概念或同一特质时具有较高的内部一致性，则问卷的信度高；反之，则问卷的信度低。内部一致法包括斯皮尔曼分半法、库尔德-理查逊公式以及克伦巴赫 α 系数法。常用克伦巴赫 α 系数测量问卷的内部一致性法，该系数越大，表示问卷的测试结果越一致、稳定和可靠。

3. 问卷效度的评价

效度代表了问卷测量的准确性，即测量结果相对于实际情况的精确程度。问卷的效度可以从结构效度、准则效度和内容效度三个方面进行评价。

（1）内容效度

内容效度是指测量工具的内容与调查主题的吻合程度，即问卷内容的适合性与相符性。问卷内容与所要调查的主题越一致，说明该问卷的内容效度越高，调查结果越有效；反之，则说明该问卷的内容效度越低，调查结果越不准确。为了提高问卷的内容效度，问卷设计者应当围绕调查目的和调查主题确定相关问题，并使这些问题能够涵盖所要研究的调查问题。

（2）准则效度

准则效度是指用几种不同的测量方式或不同的指标对同一变量进行测量时的一致性。选择其中一种方式或指标作为标准，其他方式或指标与这个标准进行比较，如果得到的调查结果高度相关，则说明这一调查具有较高的准则效度。

（3）结构效度

结构效度又称建构效度，是指问卷的调查结果能够测量其理论特性，即问卷的调查结果与理论假设一致。问卷的调查结果与理论假设越一致，则结构效度越高；反之，则结构效度越低。结构效度的评价通常用在理论研究中。由于结构效度是通过与理论假设相比较来进行评价的，因此结构效度又称为理论效度。

效度是一个多层面的概念，是相对于特定的研究目的而言的，因此评价问卷效度时应结合研究目的进行多方面的分析，综合分析用各种效度评价方法得到的结果。

思考题

1. 调查问卷的作用是什么？

2. 调查问卷一般包含哪些内容？

3. 评价问卷的信度和效度的方法有哪些？

4. 选择你熟悉的产品，针对该产品的使用者设计一份市场调查问卷。

第六章

抽样设计

抽样调查是从全部调查对象中抽取少数样本,对总体情况做出估计与推断。由于调查费用、时间等客观因素的限制,不可能对所有调查对象进行调查时,往往采用抽样调查来收集数据。采用抽样调查的方式收集资料,就涉及样本的抽取和样本容量的确定问题。进行抽样调查不仅要确定合适的抽样方法,还要根据调查精度的要求和调查项目的实际情况,确定所要抽取的样本量。本章主要讨论抽样设计、抽样方法、抽样误差和样本量等问题。

一、概述

在市场调查中,大部分调查项目都是从全部调查对象中选择某些样本作为受访者,然后用样本的情况来推断总体的情况。这就涉及抽样问题。抽样即调查样本的选择,也就是如何选择调查对象以及调查对象的数量是多少。

1. 抽样的基本概念

（1）抽样调查与普查

在抽样调查中,抽取一部分有代表性的调查样本,然后由样本的情况推断总体的情况。抽样调查是一种常用的调查方法,当由于数据来源、费用预算等因素而不可能进行大规模的全面调查时,一般采用抽样调查来对总体情况做出相对客观的判断。抽样调查是一种非全面调查,与其相对的是普查。

普查是一种全面调查,是对受访者中的每个单位进行逐一的、无遗漏的调查。当调查范围较广且调查总体较大时,全面调查需要花费较多的人力、财力和物力,而且耗费较长的时间。因此,普查适用于全部调查单位(即总体)较少的情况。例如,对某公司员工的住房情况进行调查,调查对象的规模较小,可以采用普查的方式对该公司的所有员工进行调查。在市场调查中,由于调查总体的规模一般较大,而且调查对象涉及不同地域、不同行业、不同民族,获取每个调查个体的信息时有很多限制条件,一般很少采用普查的方式。

（2）总体与样本

总体即全体调查对象,也就是在研究目的一定的情况下所要调查的单位的全体。抽样调查就是从总体中抽取一部分调查对象作为样本进行调查。比如，对北京市居民的旅游消费需求进行调查，该项调查中所有的北京市居民构成调查总体。组成总体的各调查单位称为总体单位，总体单位可以是个人、家庭、组织、社区、情境或活动等。调查目的一定，总体就随之确定了，而且总体只有一个。进行抽样设计时，首先要对调查总体进行明确的界定。

样本是总体的一部分，即按照一定的原则或程序从总体中抽取出来的个体的集合。例如，对某高校学生进行一项调查时，从该校的 2 万名大学生中抽取 2000 人进行调查，这 2000 名大学生就构成了该总体的一份样本。组成样本的每一个个体或单位称为样本单位，样本单位可以是个人、家庭、组织、社区等。在调查目的一定的情况下，样本可以有多份，而且是随机的。一般来说，总体数量越多，所要求的样本量也越多。

（3）总体参数与样本统计量

总体参数就是总体的指标值，是根据总体中所有单位的数值进行计算的，是对总体中某一变量的综合描述。例如，对北京市居民的旅游消费需求进行调查时，北京市居民近一年的旅游消费支出就是一个总体参数。常用的总体参数有总体总量、总体均值、总体比例、总体方差等。

样本统计量是根据样本中各单位的数值进行计算的，用来描述样本特征。抽样调查通过样本的统计值来推断总体的参数值，从而达到由部分推断总体的目的。常用的样本统计量有样本均值、样本比例、样本方差等。如果样本是随机抽取的，那么在大样本的情况下，样本统计量趋于正态分布。我们可以根据样本统计量对总体参数进行估计，并计算抽样误差。

（4）抽样框和抽样框误差

抽样框是抽样所用的所有调查单位的名单，即从中抽取样本的总体单位的名单或列表。抽样框有多种形式，可以是按一定顺序排列的名单，比如大学生花名册、工商企业名录、电话号码簿、居民户籍册等；也可以是包括全部总体单位的地图，或者按一定逻辑关系构成的顺序表等。不管抽样框是什么形式，抽样框中的单位必须是有序的且便于编号，研究者可以按一定的随机化程序进行抽样。

抽样框误差是指抽样框不能解释总体的程度。当总体中的一部分单位没有被包含在抽样框内，或者抽样框内的一部分单位不属于目标总体时，则会产生抽样框误差。在 1936 年美国总统大选预测中，调查机构使用了电话号码簿和汽车登记簿作为抽样框，而当时很多美国人既没有汽车也没有电话，这使得样本缺乏代表性，导致预测的结果与事实大相径庭。

2．抽样调查的适用范围

抽样调查一般适用于以下几种情况。第一，调查人员需要获取某些十分重要的市场情况或信息，但又不可能进行大规模的全面调查，这时可以用抽样调查的方法来解决数据来源的问题。第二，当调查范围较广、调查总体的规模较大时，虽然可以通过全面调查来获取所需要的信息，但是进行全面调查的成本较高，而且没有必要，此时可以通过抽样调查来获取所需要的信息。第三，有时我们拥有所需要的数据，但对数据质量如何并不清楚，这时也可以采用抽样调查的方式对已有的数据进行检查和验证，根据抽样调查的结果来评估数据质量。例如，在人口普查结束后，调查机构常常通过一些局部的抽样调查来检验普查结果的准确性。

3. 抽样调查的优点

抽样调查不需要对所有调查对象进行逐一的调查，只需要抽取一部分有代表性的调查对象作为样本，通过样本的情况来对总体的情况进行推断。具体来说，抽样调查具有以下优点。第一，节省调查费用。由于抽样调查是从总体中抽取一部分样本进行调查，相对于全面调查，调查单位的数量大大减少，从而能够节省全面调查所需要投入的人力、物力和财力。第二，节省调查时间。抽样调查的规模小，涉及的调查单位相对较少，可以大大减少工作量，在较短时间内完成调查，调查结果能够满足时效性的要求。第三，样本具有代表性。抽样调查是按照一定的程序和原则从总体中抽取样本进行调查的，采用科学的抽样方法，抽取足够的样本量，能够确保样本对总体具有相当的代表性，对总体情况进行较为准确的推断。第四，调查结果较为准确。抽样调查的涉及面小，便于对调查人员进行严格的培训，对调查实施的过程进行监督和管理，可以将误差控制在规定的范围内，从而提高调查结果的准确性。第五，适用范围广。当不可能进行全面调查或没有必要进行全面调查时，可以采用抽样调查来获取调查资料。抽样调查具有以上提到的种种优点，适用范围十分广泛。

二、抽样设计的过程

抽样设计就是根据调查的目的和要求，结合调查对象的特点和调查总体的规模等，对抽样调查所涉及的各个方面进行全盘的考虑和安排，形成相应的抽样方案，以指导抽样调查顺利进行。具体来说，抽样设计需要解决对谁进行调查、怎样选择调查单位以及如何确定调查单位的多少等问题。对谁进行调查，即界定调查总体和设计抽样框，确定抽取样本时所用的全部单位的名单。怎样选择调查单位，即确定抽样的具体方法，也就是根据经费预算和时间限制等确定采用何种方法抽取样本。确定调查单位的多少，即确定抽取的样本量。采用的抽样方法不同，确定样本量的方法和考虑的因素也有所不同。

图 6-1 抽样设计的过程

抽样设计的一般过程包括五个具体步骤，它们分别是界定调查总体、确定抽样框、选择抽样方法、确定样本量以及制订抽样计划，如图 6-1 所示。

1. 界定调查总体

界定调查总体是指根据调查的目的和要求，明确调查对象的内涵、外延以及总体单位的数量，给调查对象一个明确的、可操作的定义，以有效区分调查对象和非调查对象。例如，在某品牌化妆品的消费者调查中，根据调查目的和要求将调查总体界定为年龄为 18～50 岁且在过去一年内购买过该品牌化妆品的女性消费者。按照调查总体的这个定义，那些年龄在 18 岁以下和 50 岁以上的女性，以及在过去一年内没有购买过该品牌化妆品的女性都被排除在调查对象之外。

明确地界定调查总体是抽样设计的第一步，也是重要的一步。调查总体的界定需要综合考虑个体、抽样单位、范围和时间等因素，清楚地说明调查对象所属的范围。

2．确定抽样框

抽样框是抽样所用的所有调查单位的名单或列表。确定抽样框就是确定全部调查单位的名单。在调查单位的名单可以获得的情况下，可以根据现有的名单进行适当的整理，将其编制为抽样框。比如，电话号码簿、企业名录、人员名册等资料通常可以作为编制抽样框的基本依据。在没有现成名单或抽样框资料不完整的情况下，则需要调查人员自己编制和重新建立抽样框。比如，在入户调查时，如果没有现成的名单，调查人员可以行政区域为界，画出该区域的住宅分布图，记录各住户的详细地址，形成完整的抽样框。在确定抽样框时，一是要考虑抽样框的适用性，即抽样框具有可操作性；二是要考虑抽样框的完整性，即抽样框是否包含了调查总体的全部单位，是否有遗漏。一份高质量的抽样框应当能够提供关于调查单位的更多信息，并且没有重复和遗漏，以保证样本对总体具有充分的代表性。

3．选择抽样方法

在确定抽样框后，接下来需要选择抽样方法。抽样方法是指从调查总体中选取样本的具体方式，分为概率抽样和非概率抽样两大类。选择抽样方法时，首先在概率抽样和非概率抽样中进行选择，再确定具体的抽样组织形式。比如，在确定了抽样类型为概率抽样之后，再根据调查的目的和要求等，从概率抽样方法中选择分层抽样或者整群抽样。抽样方法的选择取决于调查的目的、预算、时间安排、精度要求等多种因素。我们也需要了解不同抽样方法的特点和适用范围，结合调查的目的、要求以及调查对象的情况等来确定。

4．确定样本量

确定样本量即确定样本容量的大小，或者说确定样本单位的多少。若采用概率抽样，样本量需要根据推断总体的置信度、置信区间和总体标准差等要求来确定，一般可以根据公式计算得出。若采用非概率抽样，则需要根据调查预算、研究者以往的经验等确定样本量。例如，某市场调查公司受客户委托进行一项广告效果调查，计划在北京、上海、广州、成都、武汉五个城市开展问卷调查，每个城市收回 300 份问卷，样本量为 1500 份。该样本量主要由研究者根据经费预算以及以往的研究经验来确定。

5．制订抽样计划

抽样计划就是对抽样框、抽样单位、抽样方法以及样本量等的设计、安排和具体说明。制订抽样计划时，不仅要对抽样过程中的每个步骤逐个进行说明，还要对每个步骤的具体实施加以安排和规定，尽量考虑到抽样过程中可能出现的各种特殊情况，并统一规定解决问题的办法。为了指导调查工作顺利实施，通常还要将抽样计划形成文字说明。抽样计划的文字说明应该详尽、清楚，具有操作性，对抽样工作具有指导作用，使调查人员有据可依。

三、概率抽样方法

概率抽样也称随机抽样，即按照随机原则抽取样本。按照随机原则抽取样本意味着总体中的每个单位都有被抽中的机会，或者说总体中的每个单位都有被选为样本的机会。若每个单位被抽中的机会相同，则称为等概率抽样；若每个单位被抽中的机会不同，则称为不等概率抽样。无论是等概率抽样还是不等概率抽样，总体中的每个单位都有一定的概率被选为样本，从而使样本能够充分地代表总体。

概率抽样的优点是可以根据样本的情况对总体进行推断，而且用样本数据推算总体的准确性较高。但概率抽样的技术操作比较复杂，同时必须有抽样框，抽样成本相对较高，对抽样设计人员的要求较高。

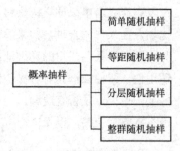

图 6-2 常用的概率抽样方法

概率抽样有几种可供选择的方法，具体的抽样方法不同，用样本统计量估计总体参数的方法和精度也不同。常用的概率抽样方法包括简单随机抽样、等距随机抽样、分层随机抽样和整群随机抽样，如图 6-2 所示。

1．简单随机抽样

简单随机抽样又称简单任意抽样，是按照随机原则从总体中抽取样本的方法，也就是先为所有调查对象编号，然后随机抽取号码。简单随机抽样是一种等概率抽样方法。采用简单随机抽样时，总体中的每个单位被抽中为样本的机会是相同的。

简单随机抽样分为有放回抽样和无放回抽样两类。有放回的简单随机抽样是指从总体中随机抽取一个样本单位，记录观测结果，然后将其放回到总体中，再抽取第二个，以此类推，直到抽满所要求的样本量为止。不放回的简单随机抽样是指在随机抽取第一个样本单位后，不将其放回到总体中，再从剩余的总体单位中抽取第二个样本单位，以此类推，直到抽满所要求的样本量为止。在有放回的简单随机抽样中，总体中的单位有被重复抽中的可能，从而会影响估计的效率。在无放回的简单随机抽中，总体中的每个单位只能被抽中一次，不会被重复抽中，因此比有放回的抽样的估计效率更高。

简单随机抽样是最基本的随机抽样方法，是其他抽样方法的基础。简单随机抽样主要有以下三种实现方式。

（1）抽签

采用抽签的方式抽取样本时，先对总体中的每个单位进行编号，将号码写在签条上，然后将签条充分混合均匀，再不加选择地从中随机抽取样本，被抽中的单位作为样本。这种方法简单易行，适用于总体单位数量较少的情况。在总体单位数量较多的情况下，制作选签的工作量大，费时费力，这限制了抽签法的应用范围，因此抽签法在实践中较少采用。

（2）使用随机数字表

随机数字表又称为乱数表，表中的数字是随机产生的，如表 6-1 所示。用随机数字表进行简单随机抽样时，可以随机从某行某列开始抽取，根据总体的位数确定在随机数字表中随机抽取几列。例如，总体单位数量为 567，要抽取 10 个样本。由于 567 是个三位数，因此先在随机数字表中随机抽取三列，然后可以从第一行开始按顺序往下，选出前 10 个介于 001 和 567 之间的数。如果从这三列中抽出的符合要求的数字不够 10 个，可另选其他三列继续抽取，直到抽满 10 个数字为止，抽中的数字即为样本号码。

表 6-1 随机数字表（部分）

16	22	77	94	39	49	54	43	54	82	17	37	93	23	78
84	42	17	53	31	57	24	55	06	88	77	04	74	47	67
63	01	63	78	59	16	95	55	67	19	98	10	50	71	75
33	21	12	34	29	78	64	56	07	82	52	42	07	44	28
57	60	86	32	44	09	47	27	96	54	49	17	46	09	62
18	18	07	92	46	44	17	16	58	09	79	83	86	19	62
26	62	38	97	75	84	16	07	44	99	83	11	46	32	24
23	42	40	54	74	82	97	77	77	81	07	45	32	14	08
62	36	28	19	95	50	92	26	11	97	00	56	76	31	38
37	85	94	35	12	83	39	50	08	30	42	34	07	96	88

（3）计算机抽取

计算机抽取是指利用统计利软件中相应的程序产生随机数，然后由计算机完成样本的抽取。例如，可以利用微软 Excel 软件中的随机函数产生随机数，并完成样本的抽取。采用这种方法抽取样本十分快捷，但需要注意计算机软件产生的随机数的随机性并不一定十分理想。

简单随机抽样的优点是操作简单，规则易于理解，且符合随机原则，便于计算抽样误差和对总体参数进行推断。在总体单位数量较少时，可以采用抽签法；在总体单位数量较多时，则可以使用随机数字表或计算机进行抽取。

简单随机抽样的缺点主要有：第一，需要有完整的抽样框，否则无法为总体中的所有单位编号，难以完成简单随机抽样的操作；第二，当调查总体很大时，编号的工作量大，费时费力；第三，与其他随机抽样相比，简单随机抽样的精度低，标准差大，尤其当总体差异较多时，可能产生较大的误差；第四，样本的分布可能很分散，会增加调查的时间和费用。

2. 等距随机抽样

等距随机抽样也称系统抽样或机械抽样。在等距随机抽样中，先将总体中的单位按某种顺序排列好，在规定的范围内随机抽取起始单位，根据总体单位数量和样本单位数量计算抽样间隔，然后按照此间隔抽取样本。也就是说，随机确定起点，每隔一定距离抽取一个样本，直到样本数量抽满为止。

采用等距随机抽样法抽取样本的一般步骤如下。

第一，按一定标志将总体单位排列好。总体单位的排列顺序可以和调查内容有关，也可以和调查内容无关，和调查内容有关时称为有关标志排列，和调查内容无关时则称为无关标志排列。例如，采用系统抽样法对某市居民的消费需求进行调查，总体单位按住户所在街区的门牌号码依次排列，这和调查内容没有关系，属于无关标志排列。如果总体单位按住户的家庭月收入水平进行排列，则和调查内容相关，属于有关标志排列。

第二，确定抽样间隔。抽样间隔是根据总体单位数量和样本单位数量计算出来的，即 $抽样间隔(k) = \dfrac{总体单位数量(N)}{样本单位数量(n)}$。例如，总体单位数量 N 为 1000，需要抽取的样本单位数量 n 为 200，我们将其代入以上公式，可以得到抽样间隔 $k = \dfrac{1000}{200} = 5$，即每隔 4 个总体单位抽取一个样本。

第三，确定抽样起点。关于抽样起点的确定，可以采用简单随机抽样法，从第一个间隔中随机抽取一个个体作为抽样起点，也可以从第一个间隔的 1/2 处抽取一个个体作为抽样起点。例如，计算出抽样间隔为 50，则可以从 1～50 中随机抽取一个号码作为抽样起点，也可以将 50 的 1/2（即 25）作为抽样起点。

第四，按抽样间隔抽取余下的样本。根据抽样起点和所计算的抽样间隔，每隔一定距离抽取一个样本，直到抽够所需要的样本为止。

例如，要从某市的 12000 户居民中抽取 300 户进行抽样调查，采用系统抽样法时的具体做法为：首先将 12000 户居民按住址排列好，并按 1～12000 编上号码；计算抽样间隔 $k = \dfrac{12000}{300} = 40$，即每隔 39 户抽取一户；在第一个间隔（即 1～40 户）中随机抽取一户作为抽样起点，假设抽取第 25 户作为抽样起点；从第 25 户开始，每间隔 40 户抽取一户，即 65，105，145，…，11985，共抽取 300 个样本。

等距随机抽样能够使抽取的样本单位在总体中均匀分布，从而提高样本对总体的代表性，减小抽样误差，提高抽样精度。同时，等距随机抽样的估计效果与总体单位的排列顺序有关。在按照有关标志排列的情况下，样本的分布和总体结构相似，抽样精度比简单随机抽样的精度高。例如，采用系统抽样对某个年级的大学生的身高情况进行调查，如果按入学时的身高顺序排列，则属于有关标志排列。在按身高顺序排列的情况下，样本的结构与总体的结构十分相似，可以提高总体参数估计值的精度。

等距随机抽样的另一个优点是操作简单，只需要随机确定一个抽样起点，就可以按距离抽取和确定整个样本，不像其他抽样方法那样需要多次重复抽取样本单位的步骤。等距随机抽样对抽样框的要求也比较低，只要求总体按一定顺序排列，不一定是具体的名单，也不一定要对每个单位编号。例如，要对某城市汽车尾气排放情况进行调查，抽样比例为百分之一，即平均每一百辆汽车抽取一辆。这时可以采用系统抽样，将汽车车牌号作为一种排列方式，在 1~100 之间随机抽取一个数字作为起点，如抽取的数字为 48，所有车牌号最后两位数字为 48 的车辆均作为样本单位。

等距随机抽样的缺点是：总体单位数量往往很大，在有的情况下由于缺乏基础资料，编号困难或无法编号，这会增加抽样的操作难度。另外，由于等距抽样的方差估算比较复杂，计算抽样误差也比较困难。

3．分层随机抽样

分层随机抽样又称分类随机抽样，是将总体按一定的原则分为若干个不同的层，再从各层中分别随机抽取一定的样本单位。例如，以某高校全体本科生作为调查总体，从中抽取一定数量的样本进行抽样调查。这时可以先按年级将调查总体分为大一、大二、大三和大四这四个不同的层，再从这四个层中分别随机抽取一定数量的样本单位进行调查。

在分层随机抽样中，样本量可以按不同的方法在各层中进行分配。按照样本量在各层中分配的方法，可以将分层随机抽样分为等比例分层抽样和不等比例分层抽样两种。

等比例分层抽样是指按各层中的个体单位数量占总体单位数量的比例分配各层的样本量。某层中的个体单位越多，在该层中抽取的样本单位就越多，该层中样本单位的比例与该层中总体单位的比例一致，用公式表示为 $\frac{n_i}{n}=\frac{N_i}{N}$。其中，$n$ 为样本量，N 为总体单位数量，i 为各层的个体单位数量，n_i 为第 i 层的样本量，N_i 为第 i 层的总体单位数量。

例如，从某市的 12000 户居民中抽取 300 户进行调查，采用等比例分层抽样法，具体做法为：先确定按收入分层的原则，以家庭月收入作为划分标准，将调查总体分为高收入、中等收入和低收入三个层次。其中，高收入家庭为 2000 户，中等收入家庭为 6000 户，低收入家庭为 4000 户。采用等比例分层样本法时，各层抽取的样本量如下。

高收入家庭样本量：$n_1 = \frac{2000}{12000}\times 300 = 50$

中等收入家庭样本量：$n_2 = \frac{6000}{12000}\times 300 = 150$

低收入家庭样本量：$n_3 = \frac{4000}{12000}\times 300 = 100$

总体分层和各层样本的分布情况如表 6-2 所示。

表 6-2　　　　　　　　　　　　　总体分层和各层样本的分布情况

按收入分层	各层居民户数	各层居民户数比例	各层样本单位数量
高收入家庭	2000	16.7%	50
中等收入家庭	6000	50%	150
低收入家庭	4000	33.3%	100
合计	12000	100%	300

不等比例分层抽样是指样本量在各层的分配比例与各层总体单位的比例不一致。在有些情况下，各层单位数量相差较大，如果按等比例分配样本量，总体单位少的层分配到的样本过少，代表性不足，这时就需要在该层适当增加样本量。有些层内的方差过大，为了提高估计精度，则在方差大的层内多抽取样本，在方差小的层内少抽取样本。在上述情况下，各层分配的样本比例与各层总体单位的比例是不一致的，这就是不等比例分层抽样。

分层随机抽样的主要优点是可以提高估计的效率，通过对较少的抽样单位的调查，得到比较准确的推断结果。分层抽样可以将一个内部差异很大的总体分成一些内部比较相似的子总体，再从每一个子总体中抽取样本，就能使样本较好地代表总体。若调查总体较大，内部结构复杂，采用分层抽样往往能使样本与总体结构更相似，从而提高样本的代表性。在样本量相同的情况下，分层随机抽样的精度比简单随机抽样更高。

分层随机抽样的另一个优点是可以同时满足对总体的分析和对某些类别的总体单位的分析。分层随机抽样先将总体分为不同的类别，再从每一个类别的总体单位中抽取样本。这样就可以将每一个类别的总体单位视为一个总体，根据每一个类别的样本情况推断该类总体的情况。

分层随机抽样适用于调查总体较大且内部结构复杂的情况，尤其适用于各层间的差异较大而层内的差异较小的情况。因此，在将总体按某种标准划分为不同的层时，应尽量使同一层内各单位的差异小，不同层之间各单位的差异大，以提高样本对总体的代表性，提高抽样精度。如果对总体缺乏充分的了解，导致分层不恰当，则可能造成样本的代表性不足，产生较大的误差。

4．整群随机抽样

整群随机抽样就是先按一定的标准将总体分为若干个群，然后从中随机抽取群，并对所抽取的群中的所有单位进行调查。整群随机抽样与分层随机抽样有相似之处，抽样时都是先按照某种标准将总体分为不同的子群体，但二者的区别在于抽取样本的方式不同。分层随机抽样是从所有的层中分别抽取样本，样本在各层中都有分布。整群随机抽样则是将随机抽取的若干个群中的所有单位作为样本，样本只分布在那些随机抽取出来的群中。例如，对某街道的居民进行抽样调查，采用整群随机抽样时，先将该街道分为五个住宅小区，再从这五个住宅小区中随机抽取一个，并调查该小区的每一位户主。在该街道的五个住宅小区中，只有一个住宅小区的居民成为该次调查的样本，其余四个住宅小区的居民则不构成样本。

整群随机抽样的优点是操作较为简单方便，可以节省时间和费用。由于整群随机抽样是以抽中的群作为样本，样本单位的分布较为集中，在一个点上可以调查多个样本单位，调查效率较高。在总体单位分布广泛的情况下，整群随机抽样比简单随机抽样更容易实施，更加省时省力。另外，整群随机抽样的应用范围较广。在很多情况下，由于缺乏总体单位的抽样框，无法采用简单随机抽样，此时可以采用整群随机抽样。例如，对全市居民以户为单位进行抽样调查，如果该城市人口数量达到几十万甚至几百万，总体单位分布太广泛，研究者无法获得总体单位的名单，这种情况下就可以采取整群随机抽样，以该城市的居委会作为群，从中抽取若干个居委会作为样本，再对抽中的居委会所管辖的全部居民进行调查。

整群随机抽样的缺点在于以群为单位抽取样本，抽取的样本单位比较集中，群内各单位的差异较小，而群与群之间的差异较大，这样得到的样本分布不均匀，对总体的代表性差，使得抽样误差也较大。因此，在采用整群抽样方法进行调查时，为了达到一定的精度，就有必要增加样本量，比如多抽取一些群进行调查，以减小抽样误差，提高抽样结果的精度。

四、非概率抽样方法

非概率抽样是相对于概率抽样而言的，是指抽取样本时不按随机原则，而是根据主观判断或方便原则抽取样本。因此，非概率抽样的效果在很大程度上依赖抽样者的主观判断和经验。与概率抽样相比，非概率抽样的特点是操作简便，抽样成本低，但用样本推算总体的精度不够。因为在非概率抽样的条件下，无法测量样本统计量的分布，或者这种分布根本不存在，所以无法根据样本统计量的分布计算抽样误差，无法对估计结果的精确性做出评价，也不能从概率的意义上控制误差，在理论上不具备由样本推断总体的依据。[①] 因此，在非概率抽样中，由于样本的代表性无法保证，用样本的调查结果推断总体时要十分慎重。

非概率抽样在市场调查中的应用十分广泛。在市场调查中，由于客观条件的限制，如调查费用有限，缺乏适当的抽样框，调查时间紧，无法进行概率抽样，通常就会采用非概率抽样方法。另外，一些调查没有必要进行随机抽样，比如进行探索性调查时，调查人员经常采用非概率抽样方法。常用的非概率抽样方法有以下几种，如图 6-3 所示。

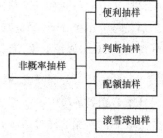

图 6-3 常用的非概率抽样方法

1. 便利抽样

便利抽样又称方便抽样或任意抽样，是根据调查人员便利与否的原则选择样本。拦截调查就是典型的便利抽样，即调查人员在商业街、商场门口、火车站、汽车站等场所拦住过往的行人进行调查。这些场所的人流量大，调查人员方便接近受访者。另外，在针对学生或一些社会组织的成员等特定群体的调查中，为方便起见，通常都会选取那些容易接近或自愿参与调查的对象

① 简明，金勇进，蒋妍，王维敏. 市场调查方法与技术[M]. 第 1 版. 北京：中国人民大学出版社，2018 年 8 月.

作为样本来获取信息，这种情况也属于便利抽样。

便利抽样的优点是操作简便易行，能节省时间与费用。便利抽样的缺点是样本的代表性较差，存在选择性偏差，无法测量抽样误差，不能根据样本的情况对总体进行推断。便利抽样不适用于描述性调研和因果关系研究，在实际操作中多用于探索性调研等非正式调查。

2. 判断抽样

判断抽样是指研究者或调查人员根据主观经验来选择和确定样本。例如，在一项新产品的测试调查中，调查人员根据主观经验选择该产品潜在的消费者作为受访者。若调查人员熟知总体中各单位的特征，样本量不多，而且各单位之间的差异不大，调查人员就可以根据经验选择有代表性的样本。

判断抽样调查的目的通常是了解总体的数量特征和深入分析问题，而不是利用调查结果对总体的参数进行估计。在判断抽样中，通常根据调查目的来确定样本单位。一种情况是选择平均型样本，即选择在调查总体中可以代表平均水平的单位，目的是提高样本的代表性。另一种情况是选择典型样本，即选择在调查总体中具有典型性的单位作为样本，目的是分析这种典型性出现的原因。

判断抽样的优点是方便快捷，节省费用，而且能够满足市场调查人员的特殊需要。判断抽样的缺点是依据调查人员的主观判断选择样本，样本选择受调查人员的主观因素的影响较大，抽样质量取决于调查人员的判断力、知识经验等。一旦调查人员判断不准或知识经验不足，就可能造成较大的抽样误差。

3. 配额抽样

配额抽样也称定额抽样，是指将总体按一定的标准分为若干类，给各类分配一定的样本量，然后按规定数额任意抽取样本。例如，要对某所高校的本科生进行抽样调查，总样本量要求达到 200 个。先将该校的本科生按年级进行分类，即分为大一、大二、大三、大四等四个类别。然后给每个年级分配 25%的样本，即给每个年级分配 50 个样本，再采用便利抽样在每个年级内任意选择 50 个调查对象。当每个年级达到 50 个样本的配额要求时，就不再调查该年级的学生。

配额抽样与分层随机抽样的相似之处在于二者都需要按某种标准对总体单位进行分层，并将样本分配到各层中。二者的区别在于各层的抽样原则不同，分层随机抽样时各层的样本是随机抽取的，配额抽样时各层的样本不是按随机原则抽取的，而是根据主观判断或便利与否的原则任意抽取样本。

按照配额的要求不同，配额抽样可以分为独立控制配额抽样和互相控制配额抽样两大类。独立控制配额抽样按单一变量分配样本，如按调查对象的年龄、性别、教育程度或职业类别等变量中的某一个分配样本。例如，某项调查要抽取 600 个样本，控制变量有年龄和性别，采用独立控制配额抽样时可以按年龄或按性别分配样本。假设按年龄分配样本，则可以将样本分配到各个不同的年龄段，如表 6-3 所示。相互控制配额抽样也称交叉控制配额抽样，是指按多个变量分配样本。在上例中，如果采用交叉控制配额抽样，则可以按年龄和性别两个变量交叉控制分配样本，如表 6-4 所示。交叉控制配额抽样可以保证样本的分布更加均匀，更具有代表性，但操作难度相对大一些。在表 6-4 中，样本在年龄和性别两个特性上都得到了控制，样本结构和总体结构的相似度更高，样本更具代表性。

表 6-3 　　　　　　　　　　　　独立控制配额抽样分布

年龄	样本量
18 岁以下	128
18~24 岁	36
25~29 岁	48
30~39 岁	90
40~49 岁	96
50~59 岁	90
60 岁及以上	112
合计	600

表 6-4 　　　　　　　　　　　　交叉控制配额抽样分布

年龄	性别		合计
	男性	女性	
18 岁以下	67	61	128
18~24 岁	19	17	36
25~29 岁	25	23	48
30~39 岁	47	43	90
40~49 岁	50	46	96
50~59 岁	47	43	90
60 岁及以上	58	54	112
合计	313	287	600

　　配额抽样不需要抽样框，又能保证样本结构与总体结构一致，在市场调查中的应用广泛。配额抽样的优点是抽样成本低，方便快捷；缺点是存在比较严重的选择偏差，与其他非概率抽样方法一样，无法计算抽样误差。配额抽样适用于调查人员对总体的有关特征十分了解且样本单位较多的情况。

4．滚雪球抽样

滚雪球抽样是指先从一些合适的调查对象开始调查，再通过他们得到更多符合调查要求的调查对象，以此类推，一步步扩大样本范围，得到的样本像滚雪球一样越来越多。例如，要对老年人使用智能手机的情况进行调查，为了获得足够多的老年人样本，可以先从调查人员所能接触的几位老年人开始调查，再通过他们的介绍获得更多的老年人样本，像滚雪球一样不断扩大调查对象的范围。当调查总体的个体信息不充分，调查人员难以接触所需要的调查对象时，常采用这种抽样方法。

滚雪球抽样的优点是针对性强，可以根据样本特征有针对性地选择和控制样本，适用于调查对象较为特殊、较难找到的情况。另外，滚雪球抽样方便快捷，费用较低。滚雪球抽样不需要获得抽样框，对抽样设计的要求不高，可以节省调查费用，提高调查效率。

滚雪球抽样的主要缺点是抽样质量难以保证，受调查对象的质量和调查人员的判断力的影响较大。滚雪球抽样无法比较全面地接触调查对象，样本的代表性无法保证，而且样本很容易出现偏差。另外，滚雪球抽样受调查对象的影响较大，如果调查对象不愿意配合调查，调查就很难继续进行下去。滚雪球抽样适合总体难以找到或对总体的了解很少的情况，如针对乞丐、流浪汉、非法移民等特殊群体以及特征十分稀有的群体的调查。

五、抽样误差和样本量的确定

1．抽样误差和非抽样误差

调查中的误差可以分为抽样误差和非抽样误差两大类。抽样误差是由抽样的随机性造成的误差，是用样本统计量估计总体参数时出现的误差。由于样本不可能完全代表总体，用样本统计量去推算总体的参数时必然存在误差。非抽样误差是与抽样的随机性无关的、由其他因素引起的样本统计量和总体参数之间的差异。

在概率抽样中，抽样误差是不可避免的，其大小主要受到以下几个因素的影响。

第一，总体的分布状况。总体中各单位间的差异越大，即总体方差越大，抽样误差就越大；反之，抽样误差就越小。

第二，样本量。在其他条件都相同的情况下，抽取的样本越多，抽样误差就越小；反之，抽样误差就越大。

第三，抽样方式。采取的抽样方式不同，抽样误差也会不同。一般来说，在其他条件相同的情况下，和简单随机抽样相比，分层抽样的误差更小，估计结果的精度更高。另外，整群抽样的误差比简单随机抽样的误差大。

在概率抽样中，虽然抽样误差无法避免，但可以加以计算并得到控制。调查人员可以通过计算知道抽样误差有多大，并采用适当的方法对其进行控制，比如通过增加样本量来尽可能地减小抽样误差。

非抽样误差可能存在于各种类型的调查中。非抽样误差产生的原因主要有以下几种。

第一，抽样过程中所使用的抽样框不完善而造成的误差。比如，抽样框不完整，遗漏了某些总体单位，调查人员使用这样的抽样框进行抽样就会产生抽样框误差。对于抽样框误差，常用的处理方法是按照现有的抽样框重新定义总体，或者用加权的方式调整所收集的资料。

第二，调查实施过程中受访者拒绝回答或随机因素造成的无回答导致的误差。受访者拒绝回答可能是由于所调查的问题涉及个人隐私或其他特殊原因。随机因素常会造成无回答，比如受访者不在家或受访者生病。解决随机因素造成的无回答问题时，可以采用多次调查、对调查结果进行估算等方法。

第三，由调查人员的因素造成的误差，包括调查人员提问错误、记录错误、诱导受访者、有意作弊等。

第四，受访者由于理解有误、记忆不清或刻意隐瞒等而不能够提供准确、真实的信息时所产生的误差。除了以上原因以外，非抽样误差产生的原因还包括测量工具不准确、数据编码和录入错误等。非抽样误差产生的原因较为复杂，难以完全控制和测量，而且样本量越大，非抽样误差出现的机会越多。对非抽样误差的控制贯穿于从调查设计到数据采集和数据处理的全过程。调查人员在调查设计和实施过程中应考虑如何把非抽样误差控制在很低的水平上。

2. 确定样本量的方法

确定样本量是抽样设计的一项重要内容。确定合适的样本量是非常重要的，样本量太大和太小都会对调查产生一定的影响。样本量太大会增加调查费用和调查时间，造成不必要的浪费；样本量太小则会影响调查效果，达不到调查的目的和要求。确定样本量时要综合考虑各方面的因素，包括调查精度、总体的性质、预算以及抽样方法等。具体来说，确定样本量时需要综合考虑以下几个方面的因素。

第一，调查精度。确定样本量时，首先要根据调查目的确定抽样精度，也就是由样本数据推断总体情况时所允许存在的误差，即允许误差，又称极限误差（Δ）。允许误差等于抽样误差与概率度的乘积，后者取决于所要求的置信水平。抽样误差的计算公式为 $\Delta = \dfrac{\sigma}{\sqrt{n}}$（其中 σ 为总体标准差，n 为样本量），可见允许误差的值与样本量的平方根呈反比。因此，要求的调查精度越高，允许误差越小，所需要的样本量就越大；反之，所需要的样本量就越小。

第二，总体规模。由于抽样误差与样本量相关，样本量越大，抽样误差就越小，因此一般来说，在一定的抽样精度下，总体规模越大，所要求的样本量也越大。但对于不同规模的总体，对样本量的要求要根据具体情况进行分析。对于小规模和中等规模的总体，为了保证一定的抽样精度，总体规模越大，样本量也越大。但当总体规模足够大时，样本量受总体规模的影响变得很小，随着总体规模继续扩大，样本量几乎可以保持不变。因此，所要调查的总体规模越大时，采用抽样调查越经济。

第三，总体的变异程度。总体的变异程度也就是总体内部的差异程度，用总体方差 σ^2 来衡量。一般来说，在一定的抽样精度下，总体内部的差异越大，所要求的样本量越大；总体内部的差异越小，所要求的样本量越小。因此，在确定样本量时，了解总体内部的差异程度是必不可少的。

第四，调查分析的要求。调查的目的不仅是了解总体的情况，有时还需要了解总体中某些部分或者某些类别的总体单位的情况。如果样本量太小，总体中某些类别的子样本就可能无法进行分析。因此，在确定样本量时，应该考虑调查分析的要求，保证每个类别都有能够进行统计分析的子样本。

第五，调查经费预算。调查经费预算是影响样本量的重要因素，样本量的大小在很大程度上取决于调查的实际条件，受到可用于调查的人力、物力、财力、时间等客观条件的限制。因此，样本量的确定往往是在调查精度和调查经费之间折中和平衡的结果。

第六，抽样方法。在同样的精度要求下，样本量还因为所采用的抽样方法不同而不同。在同等条件下，重复抽样比不重复抽样所要求的样本量更多一些。抽样的组织形式不同，样本量的要求也有所不同。分层抽样和系统抽样比简单随机抽样所需要的样本量更小。因此，在确定样本量时还应根据不同的抽样方法来考虑和计算相应的样本量。

第七，问卷的回答率。问卷中无回答的情况对样本量的确定也有一定的影响。若问卷的回答率低，无回答的情况较多，则需要增加样本量，以减小无回答带来的影响。

对于概率抽样和非概率抽样，确定样本量的方法是不同的。在非概率抽样中，调查人员主要根据主观判断和调查经验确定样本量。在概率抽样中，主要根据调查精度的要求对样本量进行计算。

在非概率抽样调查中，对调查精度的要求并不是很高，调查人员一般根据以往的经验确定样本量的大小和范围。例如，在市场调查中，要求采用配额抽样的方法从几个样本城市中各抽取一定数量的样本。根据以往的调查经验，可以从每个样本城市中抽取 200 个或 500 个样本。但需要注意，根据经验确定样本量时的调查结果不能用来推断总体的情况，只能作为了解总体情况的参考。由于非概率抽样调查的目的在于进行探索性调研或帮助了解总体的情况，而不是对总体的情况进行数量上的推断。因此，虽然依据调查人员长期积累的经验确定样本量缺乏严谨的理论依据，但在市场调查中是可行的，而且操作简单便捷。

概率抽样中的样本量主要取决于对调查精度的要求。调查结果的用途和可接受的误差范围决定了调查精度。如果调查结果将用于意义重大的风险决策，就要以较高的精度计算样本量。如果调查结果需要包括一些细分的数据，就要单独计算各个子总体的样本量，再将子样本量相加得到总样本量。

3. 概率抽样中样本量的计算

样本量的计算主要是针对概率抽样而言的。概率抽样中采用不同的抽样方式时，计算样本量的方法也不相同。下面以概率抽样中的简单随机抽样为例，介绍计算样本量的基本原理。

（1）估计总体平均数的样本量计算

当调查中要估计的是总体的平均数时，样本量可以根据调查精度的要求和总体的方差来计算。允许误差是指用样本数据估计总体时可以接受的误差水平，用 Δ 表示。允许误差 Δ 等于抽样误差与概率度 t 的乘积。抽样误差即所有样本均值的标准差，等于总体标准差 σ 除以样本单位数 n 的算术平方根，即 $\frac{\sigma}{\sqrt{n}}$。据此可以得到允许误差的计算公式：

$$\Delta_x = t\sqrt{\frac{\sigma^2}{n}}$$

根据允许误差的计算公式，可以得出用于估计总体平均数的样本量 n 的计算公式：

$$n = \frac{t^2\sigma^2}{\Delta_x^2}$$

可见，在计算用于估计总体平均数的样本量时，除了要知道允许误差 Δ 以外，还要知道 t 值和总体方差 σ^2。其中，t 和 Δ 的值取决于调查人员对总体估计的精度要求，是已知的；总体方差 σ^2 是未知的。在实际工作中，总体方差 σ^2 通常是根据过去的资料求得的，可以用样本标准差 S 来代替总体标准差，也可以使用类似总体的方差，比如根据类似调查项目计算出的抽样误差和样本容量推算出 σ^2，或通过试调查取得的资料来估计 σ^2。t 值取决于所要求的置信度，可以从正态分布概率表中查出。当置信度为 95% 时，$\alpha = 0.05$，$t=1.96$。例 6-1 说明了如何根据以上公式计算用于估计总体平均数的样本量。

例 6-1

对某市的 12000 户居民进行抽样调查，调查每户平均月收入情况。根据过去的类似调查，得知每户平均月收入的标准差为 100 元。调查所要求的置信度为 95%，允许误差为 10 元，请计算本次抽样调查所需要的样本量。

已知总体标准差 $\sigma=100$，绝对误差 Δ=10，在置信度为 95% 时，$t=1.96$。

如果采用简单随机抽样，可根据公式计算所需要的样本量：

$$n = \frac{t^2\sigma^2}{\Delta_x^2} = \frac{1.96^2 \times 100^2}{10^2} \approx 384（户）$$

因此，要达到调查所要求的精度，至少应该抽取 384 户作为样本进行调查。

（2）估计总体比例的样本量计算

按照和估计总体平均数样本量相同的方法，我们可以得出用于估计总体比例的样本量的计算公式。当调查中要估计的是总体的比例时，样本量的计算公式为：

$$n = \frac{t^2 P(1-P)}{\Delta_P^2}$$

其中，P 为总体比例。如果总体比例未知，而且没有以前的信息可以利用，则可以取 $P=0.5$，这时的总体方差最大，可以求得一个保守的样本量。t 值取决于所要求的置信度，可以从正态分布概率表中查出。例 6-2 说明了如何根据以上公式计算用于估计总体比例的样本量。

例 6-2

对某市的 12000 户居民进行抽样，调查该市居民对某种商品的购买倾向。调查所要求的置信度为 95%，允许误差为 0.05，请计算本次抽样调查所需要的样本量。

由于总体比例未知，取 $P=0.5$。已知绝对误差 $\Delta=0.05$，在置信度为 95% 时，$t=1.96$。

采用简单随机抽样，可根据公式计算所需要的样本量：

$$n = \frac{t^2 P(1-P)}{\Delta_P^2} = \frac{1.96^2 \times 0.5(1-0.5)}{0.05^2} \approx 384 （户）$$

因此，要达到调查所要求的精度，本次抽样调查所需要的样本量为 384 户。

一、思考题

1. 抽样设计包括哪些内容？

2. 概率抽样主要有哪些组织形式？

3. 非概率抽样主要有哪些组织形式？

4. 确定样本量时需要综合考虑哪些方面的因素？

二、案例分析和讨论

阅读以下抽样调查的设计方案并回答后面的问题。

大学生择业观念抽样调查的方案设计

为了了解当前大学生的择业观念与择业方向，我们对山东省烟台市范围内的中国煤炭经济学院、烟台大学、烟台师范大学、莱阳农学院四所普通高等学校的所有在读大学生进行了抽样调查。为了提高抽样调查的准确性，我们做了缜密的抽样方案。

为了使调查具有足够的代表性，保证一定的精度及准确度，对总体采用分层二阶段不等概率随机抽样。具体步骤有三个：首先，取得各所高校有关学生的学号、姓名、专业等信息，形成完备的抽样框；其次，根据教育部专业分类目录的二级学科和本专科两个分类标志，对四所高校的学生进行复合分层，使层内指标的差异减小，使层间的差异增大，提高抽样的精度；最后，在所划分的每一层中实行两阶段不等概率随机抽样。

层内的两阶段不等概率抽样是个比较复杂的过程，具体方法如下。

第一阶段在层内抽取班级，所用的方法是与各层学生人数大致成比例的不等概率随机抽样。

① 每层抽取的班级数为 $m_i = \dfrac{M_i}{M} \times m$，其中 m_i 为第 i 层应抽取的班级数，m 为样本中应抽取的全部班级数，M_i 为第 i 层所拥有的全部班级数，M 为母体中所拥有的全部班级数。

② 各层抽取采样班级时所用的办法是与该班级人数大致成正比的不等概率随机抽样，其实施方法如下：根据第 i 层的班级数 M_i，按各班的学生人数赋予每个班级以与其学生人数成正比的代码个数，代码按该层班级的自然顺序统一编号，若代码总数为 d，则利用计算机产生 1 到 d 的（离散）均匀分布随机数，代码与所产生的随机数相应的班级就作为抽中的采样班级，直到所需的采样班级数量满足要求为止。

在抽样过程中，若一个班级被抽到两次或两次以上，则仍作为一个采样班级处理，调查人员继续抽取下一个班级，直到抽满为止。显然，实际采取的抽样方法是无放回抽样。

第二阶段是在每个被抽中的班级中抽取 L 个学生进行实际调查，抽样方法是按学号进行简单随机抽样。实施过程如下：首先，对所抽中班级的学生按学号排序；其次，利用计算机产生均匀分布随机数，代码与所产生的随机数相应的学生就作为采样学生，直到所需的采样人数满足要求为止。这样第 i 层抽取的学生人数为 $n_i = m_i \times L$。

若将这四所高校的全部大学生分为 K 类，抽取的学生人数为 n，则 $n = \sum\limits_{i=1}^{k} n_i$。

（资料来源：杨海山. 大学生择业观念抽样调查的方案设计. 中国煤炭经济学院学报[J]. 2003 年 3 月.）

1. 该项调查的抽样设计属于概率抽样还是非概率抽样？

2. 层内第一阶段抽取班级时采用了何种抽样方法？

3. 层内第二阶段抽取学生时采用了何种抽样方法？

第七章

市场调查的实施

市场调查的实施即实际收集数据资料的过程，是在调查设计以后按照市场调查方案执行调查的过程。在市场调查的实施阶段，不仅要采用各种方法收集数据资料，还要对调查的实施过程进行管理、组织、监督和质量控制，以保证调查质量。市场调查实施的好坏直接决定了所收集的一手资料的真实性和准确性，进而影响最终的调查结果。如果得到的调查结果不真实或不准确，就有可能得出错误的调查结论，无法为决策提供有效的帮助和支持。本章将介绍调查前的准备、调查的实施过程、现场调查的质量控制和评估、网络调查的实施和质量控制等几个方面的内容。

一、调查前的准备

调查实施前需要做好充分的准备工作，包括调查团队的组织、调查人员的招募和培训、调查资料和物品的准备等。

1. 调查团队的组织

一个优秀的调查团队应由各方面的专业技术人员组成，包括调查设计人员、数据录入人员、统计分析人员、计算机系统管理人员等。调查设计人员负责项目设计中的技术问题，包括抽样设计、问卷设计、质量控制方法设计、数据质量评估设计、统计分析方面的设计等。数据录入人员负责调查数据的录入工作。统计分析人员负责统计分析数据并撰写统计分析报告。计算机系统管理人员负责设计和开发计算机系统和程序。

市场调查项目的具体实施还需要各级管理人员参与，管理人员主要包括项目主管、实施主管和调查督导。项目主管负责整个调查项目的管理，具体包括：协调各部门的关系，起草初步的计划，制定预算并监督资源的使用，与高级管理层和客户保持紧密联系。项目主管的职责是确保调查预算和计划得以执行，达到调查目的。实施主管负责项目的具体实施，其职责包括了解调查项目的目的和实施要求，根据调查设计招募调查人员并组织相关的培训，负责督导队伍的管理，负责调查实施中的质量控制。调查督导负责检查调查人员的工作和审核调查结果，具体包括：管理调查人员的日常工作，帮助调查人员提升访问技巧，协助实施主管招募调查人员并进行培训等。

2．调查人员的招募和培训

调查实施前需要招募和筛选合适的调查人员，并组织相关的培训。能否招募到合适的调查人员是影响调查质量的关键因素。由于调查业务的突发性，调查机构一般不设常年的调查人员队伍，但通常会掌握潜在的调查人员名单或资源。在需要的时候，一般会从中招募调查人员，或招聘临时的调查人员补充缺口。

在招募和筛选调查人员时，应该从多方面进行考虑。首先，要考虑调查人员的地域性和人口特征，尽量选择与受访者匹配的调查人员。一般来说，与受访者的共同特征越多，越有利于调查的实施。对于入户调查，可以更多地考虑选择女性调查人员。相对于男性调查人员，女性调查人员对于受访者来说威胁更小，入户访问的成功率更高。其次，要考察调查人员的职业道德水平。调查人员的职业道德水平十分重要，尽管督导会对调查人员和调查过程进行监督和管理，但监控成本高，而且不能完全杜绝作弊行为。因此，和其他的筛选标准相比，调查人员是否诚实可信尤其重要。最后，调查人员的沟通交流能力也十分重要。调查人员应该具有较高的文化程度，能准确理解所调查问题的内容，与受访者进行交流。与受访者建立良好的关系，吐字清楚，正确地提问和记录受访者回答的内容，这些都是调查人员应该具备的基本素质。

为了保证调查中所收集的资料真实可靠，调查人员必须接受一定的培训。相关的培训一般分为基础培训和项目培训。基础培训主要面向新招聘的调查人员，培训内容包括市场营销的理论知识、市场调查的概念和常识、调查人员的责任心和行为规范、调查技巧等。项目培训是指结合具体的市场调查项目，对调查项目的行业背景、任务和要求进行介绍，让调查人员迅速熟悉调查问卷的内容，向调查人员强调保密要求等。调查人员的主要培训内容如图 7-1 所示。

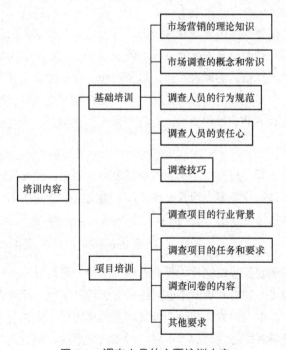

图 7-1　调查人员的主要培训内容

　　培训的主要方式有讲授、模拟访问、试访、陪访等。讲授一般以讲课的方式进行，内容包括调查项目的情况、调查问卷的内容、调查实施的要求、调查技巧等；也可以邀请行业专家讲授市场调查的基本理论和方法等。模拟访问通过模拟真实的调查环境和调查过程让接受培训的人员获得较为真实的调查体验，锻炼调查访问中所需要的应变能力，侧重于实际操作的培训。试访是在调查实施前进行的试访问，主要针对缺乏经验的调查人员或者内容复杂的调查项目。陪访是指督导陪同调查人员一起进行访问，实地检验调查人员的培训效果。

3. 调查资料和物品的准备

　　调查实施前还需要准备好现场调查所需要的各种辅助材料，其中包括指导手册、样本单位名单、相关表格和文件、调查问卷等。指导手册的内容包含调查人员在调查过程中需要遵守的操作规范和技术指导，为调查人员的工作提供文字性的指导和处理问题的建议等。样本单位名单包括受访者的地址、显示地理位置的地图等。调查所用到的调查问卷需要提前印刷，调查中需要展示的卡片、图片、视频、产品样品等也需要提前准备。相关表格和文件包括入户登记表、项目进度表、陪访记录表、复合记录表等，以及介绍信和调查证等证明材料。另外，调查中用到的各种物品包括礼品、测试用品以及相关调查工具等，也需要提前准备。

二、调查的实施过程

　　市场调查的实施主要由调查人员来承担。调查人员在调查访问的过程中需要掌握一定的调查技巧，注意仪容仪表，正确地提问和追问，准确完整地记录受访者回答的内容。

1. 接触受访者

　　调查人员在访问之前要与受访者建立良好的合作关系，获得对方的信任。为此，调查人员需要了解有关注意事项：注意自身的仪容仪表，给人以干净、整洁的印象；掌握说服受访者接受调查等的相关技巧；选择恰当的调查时机，尽量选择工作日的晚上或周末的时间，避开受访者吃饭的时间。调查一开始，调查人员首先要进行自我介绍，交代自己的身份和调查目的，获取受访者的信任，争取对方的合作和参与。自我介绍应尽量简短，态度诚恳友善，让对方打消疑虑，愿意进一步沟通。

　　对于犹豫不决的受访者，可及时出示相关证件消除其疑虑，或者根据对方犹豫的可能原因进行应对。例如，提出调查只需要占用几分钟时间，赠送礼品表示感谢。遇到拒访时，首先应判断或找出受访者拒访的原因，然后根据不同的原因采取不同的处理方法。

　　常见的拒访原因以及相应的处理方法如下。第一种原因是受访者没有时间。对于这种情况，调查人员应强调调查不需要很多时间，如果对方仍然拒绝，可以有礼貌地终止访问或另行约定访问时间。第二种原因是受访者对调查不感兴趣。对于这种情况，调查人员可以向受访者表达对方的意见非常重要，以争取对方的配合。如果对方仍然拒绝，则调查人员可以有礼貌地终止访问。第三种原因是受访者担心自己回答不好。对于这种情况，调查人员应消除对方的顾虑，告诉对方答案没有对错或好坏之分，只要回答自己知道的就可以。

2. 正确提问

掌握正确提问的技巧可以减小调查中的误差，保证调查按照统一的标准进行。提问时应遵循以下原则：首先，在提问过程中按规定的程序进行操作，不能擅自改变提问的措辞和问题的先后顺序；其次，掌握好提问的节奏，提问时语速要适中，对于较复杂的问题，应尽量放慢语速；最后，注意与受访者的交流和互动，提问时要留出足够的时间让受访者思考，随时注意受访者的理解程度，认真聆听受访者的回答，并根据受访者的反应调整提问的语速、节奏等。

3. 适当追问

追问是更深入的提问，是在先前提问的基础上进行补充询问。当受访者的回答模棱两可、不够准确或前后矛盾的时候，调查人员需要进一步追问，寻求更精确的信息。在开放式问题中，为了获得更多的信息，也需要采用追问的方式，让受访者做出尽可能多的回答。

常用的追问方式有以下几种。第一，重复问题。用同样的措辞重复提问，给受访者更充足的思考时间，引导受访者给出更完整的回答。第二，重复受访者的回答。通过复述受访者的回答，让其再一次思考自己的回答是否正确，有无遗漏，并刺激受访者谈出进一步的看法。第三，观望性停顿。通过适当的停顿、沉默或期待性的注视，暗示受访者做出更详细的回答。

追问的要求是利用中性的追问语句，尽量客观中立，避免诱导和倾向性的提示。比如，"您指的是什么""能更具体一点吗""您这样认为的原因是什么""还有其他原因吗"。

4. 记录回答

调查人员不仅需要掌握正确提问和追问的技巧，引导受访者给出准确、完整的信息，还要完整、准确地记录受访者的回答。对于封闭式问题的回答，一般要求调查人员在相应的答案序号前画圈或画钩，真实准确地记录受访者的回答。对于开放式问题的回答，记录的基本原则是按受访者的原话逐字逐句地进行记录，不要随意概括和解释。对于开放式问题的回答，应当注意以下几点：第一，在访谈过程中及时地记录受访者的回答，而不能在访问结束后凭记忆来记录；第二，不要改变受访者的语言表达方式，应使用受访者的语言而不是调查人员自己的语言来记录；第三，完整地记录受访者对所有追问的回答。

5. 结束访问

结束访问是在完成所有的调查询问之后的最后一步。结束访问前，可以让受访者发表对所调查问题的评论或要补充的看法，并回答受访者关于调查项目的提问。调查人员在结束访问前还应向受访者表示感谢，向对方赠送小礼品，给对方留下美好的印象，避免匆忙结束访问。

补充资料 7-1

面访指南

美国调查研究协会的调查面访工作指南要求调查人员做到以下几点。

① 如果受访者问起调查人员的身份，调查人员应该将自己的全名以及调查机构的电话告诉

受访者。

② 完全按问答题的书写格式提问，如有问题，要尽快向督导报告。

③ 按问卷提示的顺序提问，遵照跳答的顺序。

④ 对于受访者的提问，以中立的态度进行阐述。

⑤ 不对受访者进行诱导。

⑥ 除非委托方允许，一般不暴露其身份。

⑦ 对于中断的访问，做上记号，并记录中断的理由。

⑧ 在访问期间保持中立的态度，对受访者的见解既不表示同意也不表示不同意。

⑨ 说话要慢而清楚，使受访者能理解所提出的问题。

⑩ 逐字记录受访者所有的回答内容，不要作任何解释。

⑪ 避免与受访者进行不必要的聊天。

⑫ 对于开放式的问答题，一般都要进行追问，以获得尽可能充分的回答。

⑬ 书写要整齐清楚。

⑭ 在交给督导之前，要检查全部的访问结果。

⑮ 如果需要中断对某人的访问，则应以适当的方式进行，例如可以说"我们的样本在这个问题上的配额已满，不过还是要谢谢您"。

⑯ 对于所有的材料，包括问卷、培训资料、卡片、名单、访问指南等，都要保密，访问工作结束后要将其全部交回。

⑰ 对于任何问题、任何答案、任何受访者，都不能弄虚作假。

⑱ 对受访者表示感谢。

三、现场调查的质量控制和评估

1. 现场调查的质量控制

调查实施前对调查人员进行严格的培训可以减小调查中的误差，但在调查过程中和调查完成后，仍然需要对调查人员的工作进行检查和监督，控制现场调查的质量。现场调查的质量控制可以从以下几个方面进行。

（1）日常监督和检查

督导主要负责日常的监督和检查，具体内容包括：现场巡视，每天分发和收回问卷，检查和记录工作进度。督导一般按一定的比例对调查人员的访问情况进行日常监督，以便及时发现操作问题并予以纠正。督导每天要收回当天分发的问卷，并检查每份问卷的回答情况，包括回答有无遗漏、字迹是否清楚等。督导还需要每天记录调查人员当天的工作进度，以掌握调查项目的实际进度，并向项目主管报告项目的进展情况。

（2）抽样控制

为了保证调查人员严格按照抽样方案抽取样本，而不是根据方便或难易程度来挑选样本，督导需要每天记录每个调查人员完成的访问数量和配额，并向项目主管或实施主管报告抽样控制的情况。督导还可以通过抽样验证进行检查，保证受访者是按抽样计划抽取的，而不是随意选择的。

（3）减少和防止作弊

调查人员的作弊行为主要包括：篡改或杜撰部分甚至整个问卷的回答，调查人员自己填答问卷，用不符合访问条件的受访者充当合格的受访者，等等。为了防止调查人员的作弊和造假行为，一般会在培训中加强调查人员的责任心和职业道德的培训。

（4）调查后的复核

复核是指对调查人员已完成的工作的抽查，即通过对受访者再一次的访问来检查访问工作的真实性。复核既是为了防止调查人员作弊和造假，也是对调查结果的质量进行的一次检查。复核的比例根据实际情况有所不同，一般占样本量的 10%～20%。复核方式可以是电话复核，也可以是实地复核。

复核内容主要包括：访问情况，即向受访者求证他是否接受过调查，他接受调查的时间和地点是否属实；问卷内容的真实性，即再次对问卷中的关键问题进行询问，检查与调查问卷的记录是否一致；受访者是否符合访问条件，即核实受访者是否为合格的受访者，受访者是否符合配额要求；调查人员的工作态度，即向受访者了解调查人员的工作态度，比如现场表现如何，是否有礼貌，是否赠送了礼品。

2．调查质量的评估

对调查质量进行评估有助于了解调查工作的状况，发现问题并进行改进。调查质量的评估主要包括现场访问工作的质量和数据质量的评估两个方面。

对于现场访问工作的质量，主要从以下几个方面进行评估。第一，访问是否按规定的程序进行，调查人员是否按问卷中问题的措辞和先后顺序进行提问。第二，问卷中对受访者回答内容的记录是否准确无误、有无遗漏。第三，调查人员是否按要求填写访问时间、地点、时长等信息。第四，调查人员是否按时完成调查并在规定的时间内提交问卷。此外，还可以通过相关的文档文件间接评估访问工作的质量，其中包括培训材料（如培训手册、调查人员操作手册等）、操作控制文件（如入户接触表、问卷收交表、项目进度表、配额表等）、检查性文件（如陪访报告、问卷复核记录、复核报告等）。

数据质量直接影响数据分析的结果，因此对原始数据的质量进行评估十分必要。数据质量的评估标准包括：第一，数据记录是否清晰；第二，是否严格按照问卷说明进行调查；第三，是否详细记录了开放题的回答；第四，开放题的回答是否完整；第五，无回答的情况有多少。

问卷回答率是评价数据质量的一个重要的量化指标。问卷回答率的高低对数据质量有一定的影响。问卷回答率高，则数据相对完整；反之，则数据不完整。用问卷回答率评估数据质量时要考虑调查方式、问卷的难度、无回答的原因等因素。调查方式不同，回答率也有所不同。面访调查的回答率一般高于其他调查方式。问卷较长、较复杂时，回答率通常会降低。无回答的原因不同，对调查结果的影响也不同。因受访者拒绝接受调查而产生的无回答对调查结果的影响比较大，其他随机因素（比如受访者不在家等）造成的无回答对调查结果的影响相对较小。

四、网络调查的实施

网络调查是一种利用网页问卷、电子公告板等网络多媒体通信手段来收集调查数据和访谈资料的调查方法。狭义的网络调查就是指网络问卷调查，即以互联网为中介，通过网络问卷进行调查和收集数据资料。网络问卷调查一般有两种数据收集方式，其中一种是借助电子邮件地址清单发送问卷并要求受访者回答，另一种是利用网络在线调查系统进行调查，将问卷放在网络调查平台上，由受访者自愿填写，或将问卷链接发送给受访者进行填写。网络调查方法近年来发展迅速，应用范围不断扩大，成为最常用的调查方法之一。

网络调查利用自填式问卷来收集资料，它和传统问卷调查方法有很多相似之处，但是网络调查以互联网为中介，在具体实施步骤上和传统问卷调查有所差异。

1. 网络调查的实施步骤

网络调查的一般流程如图 7-2 所示。

（1）调查对象的确定

网络调查实施前，首先要确定被调查人群的基本特性，根据该群体的基本特性分析其是否上网，大致规模如何，参与意愿是否强烈，等等。比如，通过分析调查对象的职业特性，确定网民中是否存在调查对象及其大致规模如何，等等。若网民中存在调查对象且达到一定的规模，还应分析该群体参与在线调查的意愿，主要考虑年龄、性别、收入等背景因素对参与意愿的影响。年轻调查对象使用互联网的技能高于年长的调查对象，他们参与网络调查的意愿也

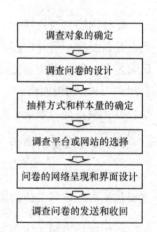

图 7-2　网络调查的实施步骤

更强一些。另外，一些相关研究表明人口类型会对问卷调查的回复率产生重大影响。例如，工人、学生和军人等群体比一般人群更愿意参与问卷调查。这对于分析网络调查对象的参与意愿有一定的参考价值。

（2）调查问卷的设计

在确定调查对象的基础上，根据调查目标和任务，进行网络调查问卷的设计与编辑。

已有的研究发现网络调查问卷的主题会影响问卷的回复率[①]。相关的影响因素主要来自以下三个方面。第一，调查主题是否使人感兴趣。当调查主题非常有趣时，受访者更愿意填答调查问卷；相反，无趣的调查主题会降低受访者的回复率。第二，调查主题的显著性如何。相关文献的元分析结果显示，主题的显著性对于邮件问卷调查和网络问卷调查来说都是最重要的影响因素，主题越显著，回复率越高。第三，调查主题是否敏感。如果调查主题是敏感话题或者涉及个人隐私，都可能会使受访者回避或者不愿意填答。因此，在设计网络调查问卷之前，首先应考虑问卷主题的影响，尽量避免涉及影响问卷回复率的相关因素，而通过和问卷主题有关的设计来提高问卷的回复率。

在内容设计上，网络问卷和传统问卷并无本质的差异，传统问卷中问题的设计原则和方法也适用于网络问卷中问题的设计。网络问卷的内容设计也是对调查问题的操作化和具体化，即将调查问题转化为可测量的若干具体问题，并确定各问题的内容、形式、措辞，以及各问题的排列顺序。

（3）抽样方式和样本量的确定

与传统调查方式一样，网络问卷调查也可以分为非概率抽样调查和概率抽样调查。

网络问卷调查可以结合传统抽样技术实现概率抽样。网络问卷调查中的概率抽样通常是基于 IP 地址的随机抽样，或者是利用在线样本库实现的概率抽样。对于一些精度要求比较高而又不希望调查样本出现遗漏情况的调查，利用在线样本库实现概率抽样是较为普遍的做法。在线样本库，即调查机构招募符合条件的志愿者组建的志愿者数据库。具体组建方法为：调查公司选择高访问率的站点，通过宣传、赠送礼品等激励手段吸引用户填写个人资料完成注册，从而建立一个规模庞大的志愿者数据库。目前国内外很多调查公司都建设了在线样本库。在进行某项调查时，可以利用样本匹配的方法，根据数据库中的某些特征值来随机抽取符合调查要求的样本，并将问卷分发到受访者的手中，从而实现概率抽样。

由于网民群体规模大，分布广泛，流动性强，我们常常无法获得完整的抽样框，因此非概率抽样是网络问卷调查的主要抽样方式。网络调查中常用的非概率抽样方式主要有以下几种。

① 随意拦截抽样法。在门户网站上随意发送弹出式调查问卷给访问该网站的用户。

② 自愿抽样法。在访问率较高的门户网站或与调查主题相关的专业性网站上发布问卷调查信息，访问这些网站的用户凭自己的意愿点击进入调查页面完成调查。

③ 滚雪球抽样。这种方式类似于传统调查中的滚雪球抽样，即先从少数容易获得的受访者

---

① 吕正娟. 网络问卷调查的规划、设计与实施. 山东师范大学硕士学位论文[D]，2012 年 4 月.

开始调查，然后通过他们得到更多的受访者，逐渐扩大样本范围。

网络问卷调查无论采用概率抽样或非概率抽样，都涉及确定样本量的问题。网络问卷调查样本量的多少取决于多方面的因素，主要的影响因素有以下几个。

① 调查总体的大小。调查总体的规模越大，所需要的样本量越多。

② 调查总体的差异程度。一般来说，调查总体的差异越大，所需要的样本量越多。

③ 客观条件的制约。样本量的多少还受到调查时间、经费等客观因素的制约。

（4）调查平台或网站的选择

在网络问卷调查中，选择一个合适的调查平台或网站，能够保证获取足够的受访者，并且提高调查的可信度。网络问卷调查和传统调查方式的主要区别在于网络问卷调查主要依靠网络调查系统来实施调查方案。网络调查系统不仅能够实施在线调查，还具有问卷设计和编辑、问卷发放和收回、统计分析和数据下载等强大的功能。

网络调查系统主要有专业性的网络问卷调查平台和访问率较高的网站两种类型。目前国内实施网络问卷调查的平台很多，其功能也较为多样，既可以快速生成调查问卷，也可以利用手机端、网站、微信等多种渠道发布和收回问卷，还可以实时汇总和统计分析收集到的数据。一般来说，一个优秀的网络调查系统应具备以下功能。

① 问卷设计：在线设计和编辑问卷，包括问卷外观和界面设计，支持单选题、多选题、排序题、矩阵题、开放题等多种题型的设计，实现问题的逻辑跳转，提供问卷设计的模板等。

② 样本服务：提供规模较为庞大的在线样本资源，并且可以实现样本的选择和控制。

③ 问卷发放：可根据问卷地址生成网络链接或二维码，通过微信、QQ、电子邮件、微博等多种渠道进行分发。

④ 问卷收回：可以有偿替用户收集问卷，加快问卷收回的速度。

⑤ 统计分析：对在线调查数据进行实时统计和分析，生成统计图表，并且可以输出统计结果。

⑥ 数据下载：可将答卷结果全部或部分导出，支持 Excel、SPSS、SAS 等多种格式的数据下载。

⑦ 其他功能：提供较为严格的质量控制机制，比如通过系统的自动检测功能对问卷填答过程进行检验，自动筛选不合格的问卷。

除了专业的网络调查平台以外，国内一些较大的门户网站（如网易、搜狐、新浪等）的访问量大，较为稳定，可信度高，也适合实施在线调查。如果企业的网站拥有固定的访问者，也可以利用这些网站开展网络调查。

（5）问卷的网络呈现和界面设计

当选定了实施网络问卷调查的平台或网站后，就可以将设计好的问卷内容呈现在调查平台或网站上。网络问卷内容的呈现方式一般有两种，即滚动呈现和分页呈现。滚动呈现是将问卷中所有的问题都放在一个页面中进行展示，用户通过滚动页面的方式来阅读和填答问卷，完成问卷填答后单击页面最下方的"提交"按钮，将答案发送到网络调查系统中进行统计和分析。分页呈现是将问题放在一个以上的连续页面中进行展示，用户通过单击每一页最下方的指示按钮进行前后翻页，单击最后一页最下方的"提交"按钮，将答案发送到网络调查系统中进行统计和分析。这两种呈现方式各有优点和缺点，滚动呈现方式节约受访者的时间，有利于受访者对前后语境的理解，而分页呈现方式有助于受访者保持正确的回答格式和范围。网络调查问卷究竟采用何种呈现方式时效果最好，目前相关研究没有给出确切的回答，研究者可以根据调查的目的、特点和要求等选择最合适的呈现方式。

网络问卷调查的一大优势是可以基于互联网的多媒体功能，通过多种形式（如图片、文字、音频、视频、动画等）实现与受访者的信息交流和互动。这也使得网络问卷的界面设计变得更为复杂。国外关于网络问卷设计标准的研究认为，网络问卷调查的首要目的是能够使受访者尽可能准确地回答所有的问题，使调查过程在最小的干扰下轻松流畅地完成。基于该目的，在设计网络问卷的界面时应考虑以下方面。第一是屏幕设计，涉及问卷的背景设计、多媒体设计、提示及标志信息设计、分割线设计、进度条设计等。第二是文本设计，包括字体设计、文本突出设计、解释说明设计等。第三是问题格式设计，包括问题编号设计、问题列表格式设计、问题列表背景设计等。第四是应答格式设计，涉及选择题和输入题应答格式的设计。第五是导航和交互按钮的设计。[①]

（6）调查问卷的发送和收回

发送问卷，即通过电子邮件、手机短信、QQ、微信等不同的方式邀请符合条件的调查对象参与调查，并发送调查问卷让其填写。网络调查中最常用的联系方式是电子邮件，采用电子邮件联系受访者具有快速、及时、成本低等优点，但这种方式因为垃圾邮件过滤器的逐步推广而越来越受到限制。国外的相关研究表明，利用纸质邮件、电子邮件和手机短信等组成的混合方式联系受访者时具有较高的回应率。[②]但是，混合方式的成本更高。

为了吸引受访者参与并完成在线调查，在网络问卷调查中也可以采用一些奖励措施。传统调查中采用的一些奖励方式也可以用在网络问卷调查中，比如提供不同形式的物质奖励和精神奖励。对于网络调查中所采用的奖励措施，应该考虑受访者获得奖励的便利性和安全性，最好采用受访者在网络环境下容易获得的方式，例如电子礼品券、电子兑换券等。这些方式不需要受访者提供家庭住址、银行账号等个人信息，往往更受欢迎。网络问卷调查的奖励方式按照提

---

① 吕正娟. 网络问卷调查的规划、设计与实施. 山东师范大学硕士学位论文[D]，2012 年 4 月.
② Tracy L. Tuten, Michael Bosnjak, Wolfgang Bandilla. Banner-advertised Web surveys. Marketing Research[J]，2000，11(4), 16-21.

供奖励的时间可以分为事前奖励和事后奖励；按照奖励的内容可以分为物质奖励和精神奖励，其中物质奖励又可以分为现金奖励、实物奖励和虚拟奖励。由于网络调查需要占用受访者的时间，这对受访者来说意味着时间成本，因此相对于精神奖励，物质奖励更有助于激发受访者的积极性，增强其参与调查的意愿。

网络问卷回收所需的时间通常较短，当受访者完成在线填答并提交问卷后，问卷即可实时回收。当回收的问卷数量满足研究者对样本量的要求时，即可停止在线调查问卷的收集。

2．实施网络调查时应注意的问题

（1）网络调查的安全性和个人信息保护

网络调查的安全性主要是指网络调查系统能否正常运行、数据能否安全存放等方面的问题。这些问题会影响网络调查的顺利进行和调查结果的获取。在网络调查中，可能因为安全性问题而导致调查失败或影响调查质量。因此，为了保障网络调查得以顺利进行，需要进一步开发和利用最新的身份识别技术和网络信息安全保障技术。另外，网络调查中受访者对于个人隐私和身份信息泄露等问题的担忧，有可能影响其参与网络调查的意愿和填答问卷的态度。因此，应注意保护受访者的个人信息，尽可能避免调查受访者比较敏感的个人资料，如住址、家庭电话、身份证号码等。

（2）调查群体的代表性

网络调查只能接触联网的用户，无法接触所有的受访者。尽管近年来随着互联网的普及，网民数量不断上升，但是参与网络调查的群体仍然无法完全代表调查总体，样本的代表性无法保证。网民地域分布不均衡、年龄及收入水平分布不均衡的问题仍然存在，而且网络问卷采用自愿填写的方式，在一定程度上仍会影响样本的代表性和调查资料的准确性。对于一些精度要求比较高的调查，可以利用在线样本库进行调查，但要注意采取样本轮换机制经常对样本库进行更新。

（3）调查样本的质量

由于互联网具有匿名性，受访者填答问卷不受控制，无法保证问卷的填答质量。受访者可能为了快速完成问卷填答而随意作答，从而影响调查结果的真实性和准确性。网络信息良莠不齐以及网民对网络安全和隐私问题的担忧等都在一定程度上降低了网民对网络调查的回答率。为了保证调查样本的质量，可以根据调查的目的和要求，采用网络调查与传统调查相结合的方式，网络调查可以作为传统调查方式的补充。

五、网络调查的质量控制

影响调查质量的因素是多方面的，其中主要因素是网络调查组织和实施过程中的误差问题。网络调查质量控制的关键在于找到误差的来源，进行有针对性的控制和修正。网络调查中的误差可以分为抽样误差和非抽样误差。对于网络调查而言，因其自身特性而具有的局限性，调查结果受非抽样误差的影响更大。

1. 网络调查中的非抽样误差

非抽样误差是影响网络调查质量的主要因素。综合国内外学者的观点，我们发现网络调查中的非抽样误差主要包括抽样框误差、无回答误差、回答误差和计量误差。

（1）抽样框误差

前文说过，抽样框是指能够代表全部受访者（即目标总体）并可从中抽取样本的名录框架。理想的抽样框应该和目标总体完全一致，当目标总体与抽样总体不一致的时候，抽样框就是"不完善的"。用不完善的抽样框估计总体必然产生抽样框误差，降低估计效率。网络调查中抽样框误差产生的原因主要有以下两种[①]。

第一，网民分布不均衡，规模大，变化大，很容易因为抽样框与总体目标不一致而产生误差。根据中国互联网络信息中心发布的《中国互联网络发展状况统计报告》，截至 2021 年 6 月，中国网民规模达 10.11 亿人。因此，即使将目标总体限制在网民范围内，也很容易因为抽样框与目标总体不一致而产生误差。另外，目前中国互联网普及率为 71.6%，可见仍有近 4 亿居民不是网民。网民所形成的抽样框由于遗漏了总体单位而出现"涵盖不全"的问题，进行网络调查时显然会产生抽样框误差。

第二，因为网络调查的特性而出现的抽样框重复和抽样框遗漏现象会导致误差。重复填答问卷、网站的抽样框局限于经常访问该网站的受访者等都属于此类现象。例如，在网页形式的问卷调查中，部分受访者重复填写了多份问卷；在电子邮件形式的网络调查中，多个电子邮件地址指向同一个网民的情况会引起抽样框重复，而无法获得足够的电子邮件地址会导致抽样框遗漏。

（2）无回答误差

无回答误差是指由于种种原因而不能从样本单位填写的问卷中获得有用的数据时所产生的误差，也就是受访者有能力回答而由于各种原因没有回答所导致的误差。

网络调查产生无回答误差的原因主要如下：网络调查以互联网为中介，受访者在填答问卷的过程中缺乏直接交流和沟通，或者问卷中问题的表述模糊不清，导致受访者拒绝回答或不愿回答；网络信息泛滥、网络安全和隐私问题等降低了网络用户对调查的信任度和参与度；技术方面的问题（如网络的稳定性、网络浏览速度等）也会降低网络调查的回答率。

（3）回答误差

回答误差是指在网络调查中受访者的主观因素引起的理解误差、记忆误差、有意识误差，即受访者由于理解有误、记忆不清或刻意隐瞒等原因而不能够提供准确、真实的信息时产生的

---

① 曾五一，汪彩玲，王菲. 网络调查的误差及其处理. 统计与信息论坛[J]，2008 年 2 月.

误差。网络调查以互联网为中介会减小调查人员收集数据时可能产生的误差，但是会因为缺少调查人员和受访者的直接互动而产生较大的回答误差。

网络调查中回答误差产生的原因既包括受访者刻意隐瞒真实情况、无意识地歪曲实际情况、没有完全理解问卷中问题的含义等主观因素，也包括网络浏览器版本太低、调查问卷不能正确显示、调查问卷设计不合理等客观因素。

（4）计量误差

计量误差又称登记误差，是指调查中所获得的数据与所调查项目的真实值之间不一致时产生的误差。

虽然网络调查可以减小现场调查中容易出现的数据登记、汇总、计算等所引起的误差，但常常会出现受访者对调查内容和概念的理解有误所造成的误差。网络调查中的计量误差通常分为由调查人员引起的误差和由受访者引起的误差两类。由调查人员引起的误差是指由于问卷设计不当，受访者在回答问题时感到问题的表述模糊而产生的误差，这一误差也可归为回答误差。另外，问卷中使用了有倾向性、诱导性的词汇，回答问题所需的时间过长，也会导致受访者回答错误，从而产生计量误差。由受访者引起的误差是指受访者在回答问题时因为存在顾虑而产生的误差，这一误差与无回答误差有很大的重叠。

总之，网络调查中非抽样误差产生的原因较为复杂，我们难以完全控制和测量。对非抽样误差的控制贯穿于从调查设计到数据采集和数据处理的整个过程中。调查人员在在线调查设计和实施的过程中应考虑如何把非抽样误差控制在很低的水平上。

2. 网络调查的质量控制

网络调查中的各个阶段都会产生误差，相应的质量控制也贯穿于抽样、调查方案设计、问卷设计、数据收集、数据处理等各个环节。

（1）抽样中的质量控制

采用科学的抽样技术是控制网络调查质量的关键。由于网民群体规模大，分布广泛，流动性强，研究者常常无法获得完整的抽样框，因此非概率抽样是网络调查的主要抽样方法，具体包括随意拦截抽样、自愿抽样、滚雪球抽样、判断抽样、配额抽样等方式。但非概率抽样无法进行统计推断，仅适用于探索性研究。目前国外研究者已研究出一些特定的抽样方法和技术，使获得的非概率抽样样本尽量接近概率抽样样本，从而解决了非概率抽样无法进行统计推论的难题。这些抽样方法主要包括基于样本匹配的样本选择法和链接跟踪抽样法。[①]

前者利用样本匹配的方式，将网络调查与抽样技术相结合，通过在线样本库的建设和在线样本的选择，实现网络调查的概率抽样，减小抽样框误差。目前，国内外的很多调查公司都开

---

① 余富强, 胡鹏辉, 杜沙沙. 网络问卷调查的数据质量控制研究. 统计与决策[J], 2019 年 8 月.

展了在线样本库建设，通过各种激励手段（如宣传、赠送礼品等）吸引上网者注册，从而建立一个规模较大的志愿者数据库。在进行某项网络调查时，可以根据数据库中的某个特征值进行抽样，将问卷分发到各个受访者手中。这样，一方面可以使抽样框尽可能与目标总体接近，从而减小调查中的抽样框误差；另一方面由于上网者自愿成为样本库的成员，具有较高的积极性，可以减小无回答误差和计量误差。后者根据样本的关系网络追踪和扩展样本，从而使得非概率抽样样本接近概率抽样样本。链接跟踪抽样法目前得到了较为广泛的应用，其中最常见的方法是受访者驱动抽样。受访者驱动抽样将滚雪球抽样和给样本赋予权重的数字模型相结合，可以激励受访者（也称为"种子"）推荐一定数量的同伴参与抽样。多次推荐以后，"种子"的选择便不会使样本产生偏差。受访者驱动抽样常用于研究特征十分罕见的特殊群体，而且数据的精确性和稳健性得到了证明。目前，受访者驱动抽样正逐渐成为一种适用于总体特征不明的中小规模群体的重要的非概率抽样方法。

另外，网络调查具有匿名的特点，很难确定受访者的真实身份，导致受访者重复回答、代填等问题，从而影响调查数据的准确性。发展较为成熟的在线调查公司一般会采用一定的技术手段保证答题者身份的真实性和唯一性，对在线调查进行事前控制。对于重复回答现象，具体可以采用如下处理方式：采用 IP 地址确认法，即每个 IP 地址只允许回答一次；利用计算机身份识别技术识别填答者的身份，避免重复填答；结合人工方式对数据收集过程进行监控，以减小重复回答造成的误差。

（2）调查方案设计和问卷设计中的质量控制

调查方案设计和问卷设计的好坏会影响调查质量，合理的规划和设计可以控制并减小回答误差、无回答误差、计量误差等非抽样误差的产生。

合理地设计调查方案有助于网络调查的顺利实施，提高调查数据的准确性和可靠性。正确地界定调查总体有助于减小网络调查中的抽样框误差、无回答误差等。例如，将调查总体界定在网民范围内或界定为某一特定的上网群体，尽量减小因为抽样框遗漏而导致的抽样框误差。再如，在网络调查之前确定调查对象，根据该群体的基本特征分析其是否上网以及大致规模和参与意愿如何，保证网民中的有效调查对象足够多且具备一定的参与意愿，从而提高问卷的回答率，减小无回答误差。

合理地设计和使用网络调查问卷有助于减小网络调查中的无回答误差和回答误差，以及测量工具引起的计量误差等。设计传统调查问卷时，应注意各问题的措辞，避免问题含糊不清，避免使用有倾向性、诱导性的词汇等。这些注意事项也同样适用于网络调查问卷设计。设计网络调查问卷时，应以受访者操作方便为主要原则，根据网络用户的阅读习惯、操作方式等进行网络调查问卷的设计和呈现。前文讲过，网络调查问卷的呈现方式分为分页呈现和滚动呈现两种。对于移动端网络调查问卷，尽量采用垂直滚动方式，以减少翻页对受访者的干扰。网络调查问卷的界面设计包括屏幕、文本、问题格式、交互方式等的设计，这些是问卷设计的重要内容。问卷的内容尽量简洁，答题形式力求简单、操作方便，如多采用选择式答题方式。设计网络调查问卷时，还需要重视问卷提示信息和问卷说明的作用。另外，还应充分运用网络调查的技术优势来设计问卷。比如，在问卷的最前面设置一些过滤性问题，只有符合要求的受访者才能进入正式填答环节，从而将不符合条件的受访者排除在外。这样既可以起到身份识别的作用，也可实现对问卷填答者的过滤和筛选，完善抽样框。

（3）数据采集中的质量控制

选择可靠性高、访问率高的网站或调查平台有助于减小数据采集中的误差，提高调查的可信度。网络调查与传统调查的区别在于可以依靠庞大的网络系统来实施调查方案，借助样本监测、数据检测等技术来提高调查质量。在数据采集时，通过网络调查系统所提供的多种技术手段可以实现对数据采集的质量控制，从而提高调查数据的质量。例如，通过设置甄别页过滤掉不符合条件的填写者，通过 IP 地址识别防止受访者重复填答问卷，通过设置各种自动筛选规则筛选掉不符合要求的问卷，设置最短答题时间，等等。

在数据采集过程中采用恰当的奖励机制，有助于争取受访者的合作，激发其参与热情，减小调查中的无回答误差和回答误差。比如，在问卷的开头附上问候语，说明此次调查的基本情况，打消受访者的顾虑，获取其信任和配合。向受访者提供一定的奖励（如发放电子红包、发放电子礼品券、参与事后抽奖等），有助于激发受访者的参与热情，减小网络调查中的无回答误差和回答误差。

（4）数据处理中的质量控制

在网络调查中，对数据资料的审核主要采用线上审核的方式。对于能够识别并联系到填答者的情况，针对存在填答错误、漏填等问题的问卷，可以与受访者取得联系，对问卷进行修正和完善。对于无法跟踪、识别和联系填答者的情况，遇到质量问题严重的问卷时，只能删除该问卷。在数据资料的线上审核中，需注意即时性，尽早审核并发现问卷填答质量问题，并采取合理的修正措施。

在数据资料的审核中，可以根据问卷的外部特征和内部特征来判断问卷数据的质量。问卷的填答时间是衡量问卷数据质量的重要外部特征。我们可以根据问卷的填答时间对问卷的质量进行评估，如果一份问卷的填答时间远远小于平均填答时间，说明受访者在填答过程中省略了对一些问题和选项的理解和思考过程，该问卷很可能存在质量问题，研究者可以将其定义为低质量问卷或无效问卷。也可以利用问卷的内部特征进行数据审核，主要利用问卷中预先设计的一些关联性问题和互斥性问题的回答情况进行判断。如果一份问卷中关联性问题或互斥性问题的回答不符合问卷的内部特征，则说明填答者没有认真填答问卷，我们可以将该问卷定义为低质量问卷或无效问卷。

除了数据资料的审核以外，还可以通过网络调查系统对数据资料进行一定程度的数据清理，从而提高数据质量。网络调查问卷数据的清理在问卷设计和数据收集过程中就已经开始了。在问卷设计中，研究者可以通过设置甄别问题，对填答对象进行筛选，将不符合条件的填答者排除在外。在问卷设计中，还可以对问卷的填答范围以及不同问题的逻辑关系进行设定，然后在受访者填答问卷的过程中，利用调查系统的数据检测功能实现对问卷资料的有效范围清理和逻辑一致性清理，以提高数据质量，减轻后期数据审核的压力。

　　另外，研究者还可以通过一些数据修正技术对网络问卷数据的误差进行评估和修正。针对不同的误差来源，可以采用不同的统计技术修正数据。比如，利用加权调整法修正网络调查覆盖误差与抽样误差，利用二级抽样和热卡插补技术修正无回答误差，采用混合效应随机化项目回答技术修正测量误差。

思考题

1. 调查前的准备工作有哪些？

2. 对现场调查的检查和监督包括哪些方面的工作？

3. 网络问卷调查的实施步骤有哪些？

4. 网络问卷调查中非抽样误差及其产生的原因是什么？

5. 网络问卷调查可以从哪些方面进行质量控制？

◄ 第八章 ►

市场调查资料的整理

调查收集回来的原始数据往往是分散、零乱的，难免存在错误、虚假、缺失、冗余等现象，不经整理直接进行分析，就可能得出错误的结论。调查资料的整理就是所对收集的原始数据和资料进行全面的检查和核对，去粗取精，去伪存真，由表及里，由此及彼，以保证数据资料的真实、准确和完整。调查资料包括各种定性和定量的资料，资料类型不同，整理的方法和步骤也有所区别，本章主要介绍定量资料的整理，包括问卷的回收与审核、编码、录入、数据检查以及数据预处理等，如图 8-1 所示。

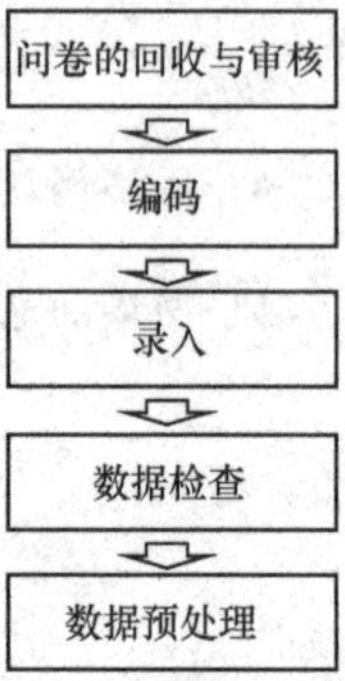

问卷的回收与审核
↓
编码
↓
录入
↓
数据检查
↓
数据预处理

图 8-1　定量资料的
一般整理步骤

一、问卷的回收与审核

1. 调查问卷的回收

回收调查问卷是资料整理的第一步，可以为后面的资料整理工作奠定基础。回收调查问卷时，对于不同地区、不同调查人员收回的问卷应做好登记和编号工作。对于大规模的调查，回收问卷时的登记和编号工作尤其重要。对问卷进行系统的登记和编号，需要事先设计好登记表格，在表格中列出调查人员的姓名和编号、调查地区和编号、调查时间、问卷交付日期、实发和上交问卷数量及编号、未答问卷数量、合格问卷数量等需要填写的信息。负责量接收问卷的人员在登记问卷时，通常采用以下几种编号方式。第一，按时空编号，即对收回的问卷按调查时间或调查地区进行编号并分类放置。时空编号有助于在数据分析中检验问卷的信度和效度，也有助于掌握各地区数据的区别和联系，为后续的方差分析等提供变量分类标准。第二，按调查人员编号。这样可以更好地明确调查人员的责任，衡量工作绩效，在后期需要核对和咨询调查情况时也方便找到相应的调查人员。第三，按问卷回收顺序编号，即按照问卷回收的先后顺序给每一份问卷一个唯一的识别号。这些唯一的识别号不仅记录在原始问卷上，同时也记录在资料中。如有必要进行查错，可以随时找到原始的资料。

2. 调查问卷的审核

问卷回收以后，接下来需要对所收到的问卷进行全面的检查和审核，避免存在错误、遗漏等。问卷审核是一项较为复杂和系统的工作，对于后面的编码、录入和数据检查等来说非常重要。

审核问卷时主要检查问卷的完整性、准确性、一致性和及时性等，确定哪些问卷可以接受，哪些问卷要作废。这项检查工作常常在调查实施过程中就已经开始了。问卷审核的具体内容如下。第一，审核完整性。主要审核调查对象是否齐全，有无被遗漏的调查对象；审核问卷的各个项目是否填写齐全，有无未填的项目；检查问卷中是否有无回答的情况；检查调查资料的详细程度是否符合要求。第二，审核准确性。主要审核调查资料的口径、计算方法、计量单位等是否符合要求，如不符合要求，应剔除不可靠的资料。例如，对于"平均月收入"的回答，有的受访者填写的是基本工资，有的受访者填写的是包括工资、奖金、津贴、加班费等在内的所有收入，这就存在调查资料口径不统一的问题。第三，审核一致性。主要审核受访者的回答是否前后一致，是否存在逻辑矛盾。例如，受访者的回答显示没有购买过某品牌的产品，却对购买该品牌产品的原因进行了回答。发现前后不一致或逻辑错误时，调查人员需要探明原因，剔除或调整资料，使之准确可靠。第四，审核及时性。审核问卷的回收是否超过规定的时间，填写的信息是不是最新的。第五，审核问卷的书写。检查字迹是否清晰易辨，尤其是对开放式问题的回答。对于字迹不清楚的地方，需要向调查人员确认。

问卷审核的步骤一般分为两步。第一步为接收核查问卷（又称一审），即在接收问卷时将所有问卷检查一遍，剔除无效问卷。第二步（又称二审）为编辑检查，对问卷进行更为精准的检查。

问卷无效包括以下可能的情况。第一，问卷缺损。所回收的问卷明显不完整，例如丢失了其中的一页或几页。第二，回答不完整。问卷中某些部分的填写不完整，如缺失受访者的背景资料；问卷中很多问题的答案缺失，没有回答。第三，错答。受访者没有理解问题的内容而错答问题，或没有按填写要求回答问题。第四，回答没有变化。受访者对所有问题都给出结果一致的回答。例如，对于量表问题的回答，受访者选择的都是中间选项。第五，超过截止时间回收的问卷。问卷应在规定的截止时间之前回收。第六，问卷的填写者不属于调查对象。例如，要求调查对象的年龄在 18 岁以上，但问卷填写者的年龄在 18 岁以下。第七，前后矛盾或存在明显的错误。例如，受访者填写的年龄为 12 岁，教育程度却选择了"大学毕业"这个选项，这明显不符合实际情况。

对于检查出来的无法令人满意的问卷，通常采取以下处理方式。第一，退回重新调查。把不满意的问卷退回，让调查人员到现场去重新调查。若调查规模较小，受访者很容易找到，可以考虑这种处理方式。但由于调查时间和调查方式不同，第二次调查的结果可能和第一次调查的结果有所不同。第二，视为缺失数据。在无法退回问卷重新调查时，审核人员需要把不满意的回答作为缺失值来处理。若存在不满意的回答的问卷数量较少，每份问卷中不满意的回答的比例很小，或不满意的回答涉及的变量不是关键变量，则可以采用这种处理方式。第三，放弃不用。这种方式的适用条件为：问卷中不满意的回答的比例较大，样本量很大，不满意的问卷数量所占的比例很小（小于 10%）；不满意问卷的填写者与满意问卷的填写者在人口特征、关键变量等方面的分布没有显著差异，或对关键变量的回答是缺失的。

二、编码

对问卷进行回收、审核和编辑之后，接下来需要将问卷信息转化为统一设计的计算机可识别的代码，以便利用计算机对问卷信息进行整理和分析。编码的过程就是指根据设定的编码将问卷答案转化为相应的代码。通过编码将问卷中的信息转化为计算机可识别的代码，一方面可以减少问卷录入的工作量，方便利用计算机进行分析；另一方面可以对受访者的回答进行分类，将文字信息转化为数字信息，以便利用统计软件进行统计分析。另外，通过编码还可以修正回答误差。

1. 编码的方法

根据编码时间先后的不同，可以将编码分为事前编码和事后编码。事前编码要求事先已经知道问卷中问题的答案类别。事后编码是在访问结束后根据受访者对问题的回答情况进行编码。问卷中问题的类型不同，采取的编码方式也有所不同。对于问卷中的封闭题，一般采用事前编码；对于无法预知答案的开放式问题和无结构问卷，一般进行事后编码。

（1）事前编码

事前编码主要用于问卷中封闭式问题的编码。对于封闭式问题，由于事前已规定问题的选项，在问卷设计中拟定问题的时候就可以开始编码，即在设计问卷时就给每个问题的选项赋予一个唯一的数字代码。例如，对以下选择题进行事前编码。

Q20 请问您的学历是：

☐ 小学及以下　　　　　　　1

☐ 初中　　　　　　　　　　2

☐ 高中、中专或中职　　　　3

☐ 大专　　　　　　　　　　4

☐ 大学本科　　　　　　　　5

☐ 研究生及以上　　　　　　6

在该问题中，每个选项对应于一个唯一的数字代码。如果受访者选择"大学本科"这个选项，则对应的数字代码为5。记录该问题的编码时，先将该选择题转化为一个变量，比如定义变量名为V20，该变量属于数值型变量，取值范围为01、02、03、04、05、06。各个取值对应的含义为：01代表"小学及以下"，02代表"初中"，03代表"高中、中专或中职"，04代表"大专"，05代表"大学本科"，06代表"研究生及以上"。该题的编码结果如下。

变量名称：V20

变量描述：受访者的学历

编码：01 = 小学及以下

　　　 02 = 初中

　　　 03 = 高中、中专或中职

　　　 04 = 大专

　　　 05 = 大学本科

　　　 06 = 研究生及以上

编码时，一个单选题对应一条编码；对于多选题，则应根据选项的数量设计编码，通常一个选项对应一条编码。例如，对以下多选题进行编码。

Q12 您在选购手机时主要考虑以下哪些因素？

☐ 产品质量　　　☐ 产品价格

☐ 品牌知名度　　☐ 售后服务

☐ 广告宣传　　　☐ 其他

该题为多选题，一共有 6 个选项，我们可以将每个选项设为 0-1 型变量，其取值为 0 或 1，即选择该选项时取值为 1，没有选择时取值为 0。对该题进行编码时，对应的编码有 6 条，将每个选项对应的变量分别命名为 V121、V122、V123、V124、V125、V126。该题的编码结果如下。

变量名称：V121

变量描述：产品质量

编码：1 = 是考虑因素

　　　 0 = 不是考虑因素

变量名称：V122

变量描述：产品价格

编码：1 = 是考虑因素

　　　 0 = 不是考虑因素

变量名称：V123

变量描述：品牌知名度

编码：1 = 是考虑因素

　　　 0 = 不是考虑因素

变量名称：V124

变量描述：售后服务

编码：1 = 是考虑因素

0 = 不是考虑因素

变量名称：V125

变量描述：广告宣传

编码：1 = 是考虑因素

0 = 不是考虑因素

变量名称：V126

变量描述：其他

编码：1 = 是考虑因素

0 = 不是考虑因素

为了便于查阅编码结果，也可以将该多选题的编码结果记录为编码表的形式，如表 8-1 所示。

表 8-1 多选题 Q12 的编码

序号	变量名	变量类型	变量取值范围	取值对应的含义	对应题号	对应的问题
23	V121	数值型	0 或 1			
24	V122	数值型	0 或 1			
25	V123	数值型	0 或 1	0 代表不是考虑因素，1 代表是考虑因素	12	您在选购手机时主要考虑以下哪些因素
25	V124	数值型	0 或 1			
27	V125	数值型	0 或 1			
28	V126	数值型	0 或 1			

编码结果通常以编码手册或编码表的形式来记录。编码手册和编码表用于描述变量及其编码规则，内容包括每个变量的序号、变量名、变量取值范围、取值对应的含义等。编码手册和编码表的作用是指导编码人员正确地进行编码，指导录入人员按编码规则正确地录入数据。

（2）事后编码

事后编码是指在问卷回收之后和数据录入之前对问卷进行编码设计。对于无法预知答案的开放式问题和无结构问卷，一般进行事后编码。对于封闭式问题中的"其他"选项，如果受访者的回答是开放的，也可以进行事后编码。下面以开放式问题的编码为例，介绍事后编码的方法和步骤。

开放式问题编码和封闭式问题编码的相同之处在于必须将问题转化为一个或几个变量，给所有可能的回答赋予相应的代码。开放式问题编码的具体步骤如下。首先，阅读受访者对开放式问题的回答，并列出所有可能的回答。对于样本量较小的情况，可以阅读所有问卷中关于该问题的回答；对于大样本调查，可以抽取部分有代表性的问卷，了解该问题的回答情况。其次，根据问题的实际回答情况，列出有意义的回答的频数分布。再次，根据问题的实际回答情况，对各种回答情况进行分类。分类时，可保留频数较多的回答，合并相近的回答，以"其他"来概括频数较少的回答，以保证各类别之间有明显的差异。将相同和相近的回答归为一类。最后，根据分类的结果制定编码规则，为每一类回答确定一个代码，并记录编码信息。

下面以"相对于在门店购买自制茶饮料，您认为在超市购买罐装/瓶装茶饮料有哪些优势"这道题为例，介绍开放式问题的编码方法。首先，阅读所有问卷中关于该问题的回答，得到以下可能的回答：方便，便于保存，便于存放，便于携带，干净卫生，节约时间，不用等，种类多，口味多，不知道。其次，列出各种回答的频数（括号中的数字为该回答出现的频数）：方便（89），便于保存（23），便于存放（24），便于携带（20），干净卫生（23），节约时间（15），不用等（12），种类多（8），口味多（10），不知道（1）。再次，根据实际回答的情况，保留频数较多的回答，合并相近的答案，得到以下几个主要类别：方便（89），便于保存和存放（47），便于携带（20），干净卫生（23），节约时间（27），种类和口味多（18），其他（1）。最后，为每一种回答确定一个代码，然后按封闭式问题的编码方法进行编码，并记录编码信息。

2. 编码的原则

无论采用何种方法进行编码，都应该遵循编码的基本原则。一般来说，编码要遵循准确性、完整性、易于操作、标准化等基本原则。第一，准确性，即设计的代码能准确地代表原信息。这就要求问卷中的每一条数据记录都必须有一个特定的编码，且该编码具有唯一性。不能出现一条数据记录对应于两个及以上的编码，否则就会造成数据录入不准确，进而影响后期的数据统计和分析。第二，完整性，即在转换信息形式的同时尽量不丢失信息。这就要求编码必须完整，能够完全反映数据记录中的信息。例如，在对多选题进行编码时，缺少任何一个选项的编码都会影响信息转换的完整性。第三，易于操作，即在准确替代原信息的前提下，编码应简单、容易操作，尽量节省人力、物力，以降低成本，提高工作效率。第四，标准化，以便与其他调查结果进行比较。

三、录入

对问卷信息进行编码以后，接下来需要将代码录入计算机里，以便进行统计分析。数据录入主要有两种方式：一种是直接将问卷编码输入计算机中；另一种是将问卷编码数据转录到编码表中，再将编码表中的数据输入计算机中。编码表的形式如表 8-1 所示。

直接录入问卷编码的优点是避免了转录中可能出现的差错，缺点是录入速度相对较慢，要一直翻阅问卷。通过编码表录入编码的优点是录入员操作方便，录入速度相对较快，缺点是增加了一个转录过程，同时增加了出错的可能性。

对于计算机辅助调查和网络问卷调查，数据收集和数据录入可以同时进行，无须再单独进行数据录入。网络调查平台的应用省去了人工编码和数据录入环节，极大地提高了调查效率，节省了时间和费用。面访调查、邮寄调查等线下问卷调查方式仍然需要录入数据。

数据录入可以采用键盘录入方式，也可以采用扫描、光标阅读器等方式。目前，键盘录入仍然是应用最多的方式。录入员可以通过键盘手工录入数据，其缺点是差错率较高，可能因为录入员按错按键、错看、串行等而出现录入错误。因此，有必要通过对录入员的挑选和监督管理以及复查抽检等方式控制录入质量，保证所录入的数据真实、准确。数据录入可以采用常用的数据库软件，如 Excel 和 Foxpro；也可以利用特定的统计输入软件，如 PCEDIT 和 EPIDATA；还可以利用专业的统计软件，如 SPSS。

四、数据检查

尽管在问卷回收和审核阶段已经对数据进行了全面检查，但仍然可能因为问卷填答错误、调查人员记录错误、录入人员录入错误等，录入后得到的数据与可以直接拿来进行分析的数据之间存在一定的差异。因此，在进行数据统计分析前需要对录入的数据进行仔细检查，也就是数据清洁。数据清洁主要是对问卷数据进行一致性检查，检查变量的取值是否超出合理范围，有无逻辑错误，有无极端值等。由于问卷数据多，工作人员不可能仔细审核每份问卷录入的数据，这个阶段的数据检查工作主要是通过计算机软件进行的。

通过 SPSS、SAS 等统计软件，可以检查变量的取值是否超出合理的范围。变量的取值超出合理范围是不允许的，当检查出变量的取值超出合理范围时，需要进行相应的修改和校正。例如，假设年龄变量的取值范围为 1～8，分别代表 8 个不同的年龄分组。用 SPSS 软件检查年龄变量，如果发现取值为 1～8 以外的数字，则表示这些取值超出了合理范围。对于超出合理范围的取值，应该核对原始问卷，并进行相应的改正。

逻辑错误也可以利用统计软件找出来。逻辑错误就是问卷数据存在逻辑不一致的地方，逻辑不一致可能以多种形式出现。例如，问卷中受访者对于"您是否知道知识付费产品"这个问题的回答是"不知道"，但对于"您最近一个月使用知识付费产品的次数是多少"这个问题的回答是"3～5 次"，这就存在明显的逻辑不一致。可以利用统计软件中的交叉表找出逻辑不一致的数据，还可以用统计软件的相关功能查找出存在问题的问卷，并进行相应的处理。

此外，还要检查数据有无极端值。极端值可能是由操作错误造成的，也有可能是数据本身存在问题。通过极端值，可以找出有问题的数据。例如，通过数据检查发现受访者关于产品评价的极端值非常小，其原因在于该受访者对产品评价量表中所有问题的回答都是选择第一个选项。对于这种情况，通常可以用平均值来替代异常值，或者进行缺失数据处理。

五、数据预处理

数据预处理直接决定所要分析的数据的质量，影响统计结果的可信度以及据此做出决策的科学性。因此，数据统计分析前对数据进行预处理十分必要。数据预处理一般包括缺失数据处理、加权处理和数据转换三个方面的内容。

1．缺失数据处理

调查中很多因素会导致数据空缺或无效，这部分数据被视为缺失值。其中，部分数据缺失为合理缺失。合理缺失可以忽略不计，比如缺失值的比例非常小。但是缺失值会影响数据分析结果的可信度，如果缺失值的比例较大（超过10%），或缺失值的分布与总体数据的分布有明显差异，就有可能导致数据分析结果出现偏差。

当缺失值的比例较大时，需要采取一定的方法对缺失值进行处理。处理缺失值的主要方法有以下几种。第一，删除个案。将有缺失值的样本都删除掉，这部分样本不参与数据分析。只有在样本量很大，有缺失值的样本比例较小，而且有缺失值的样本与无缺失值的样本在分布上无显著差异时，才考虑采用这种方法。当有缺失值的样本比例较大时，这种做法可能导致小样本，丢失大量数据，使结果产生严重的偏差。第二，删除缺失值。不删除有缺失值的样本，仅在计算时删除相应变量的缺失值，即对变量有完全回答的样本才能参加计算，有缺失值的样本不参与本次计算。如果对于某变量来说，有缺失值的样本和无缺失值的样本在分布上有明显的差异，这种方法也可能导致偏差。在样本量较大、缺失值较少且变量间不是高度相关的情况下，可以采用该方法。第三，用中性值代替，即用变量的平均值代替缺失值。第四，用估计值代替，即根据同类调查或受访者对其他变量的回答估算一个值来代替缺失值。

2．加权处理

在市场研究中常用到加权处理，目的是使样本更加具有代表性，或者强调某些受访群体的重要性。加权处理，即给每一个个案或受访者一个权重，用于反映其相对于别的个案或受访者的重要性。加权处理的效果是在具有某些特征的样本中增加或减少个案或受访者的数量。

加权处理可以使样本更加具有代表性。例如，在收视率资料库的基础上，通过一些加权变量对样本进行加权计算，以便产生较有代表性的收视率数据。加权处理的另一个作用是调整样本，突出具有某些特征的受访者的重要性。例如，如果研究目的是要确定如何对现有产品进行改进，那么分析时可以赋予该产品的重度使用者更大的权重。

3．数据转换

在数据统计分析之前，常常需要根据研究的需要重新对原始数据进行分类，或对现有的变量进行修改或重新定义。

重新对原始数据进行分类主要有以下两种情况。第一，将数据合并成更少的几大类。收集数据时，有的问题常常按照具体的数值或非常细致的类别来提问，实际分析时可以将相关数据合并成较少的几大类。例如，调查时询问的是受访者的具体年龄，实际分析时可将受访者按年龄分为青少年、中年和老年等几大类。第二，将数据分成更有意义的类别。在实际分析中，将原始数据合并成新的类别可能更有意义。例如，为了得到不同收入水平的观众对某电视节目的喜好程度，帮助节目组更好地找到观众定位，分析时将观众的收入水平分为高、中、低三类，但对已有的数据进行分析后发现，从收入水平看，观众的收视特征呈现出"中间高，两头低"，说明中等收入的观众更关注该节目。重新对原始数据进行分类时，要注意重新构成的类别必须满足以下三点：新的类别包括所有的情况，各类别之间没有交叉和重叠，各类别间的差异大于类别内的差异。

对现有变量进行修改或重新定义主要有以下两种情况。第一种情况是标准化，目的是使不同单位或不同量表的变量在分析中具有可比性。对一些统计指标进行综合评价时，如果统计指标的性质、计量单位不同，容易导致评价结果出现较大的误差。比如，在进行聚类分析、因子分析时，要在分析前先把变量标准化。回归分析时，为了改进模型的拟合程度，要对变量进行对数转换、平方根转换等。修改或重新定义变量的另一种情况是将定类变量转换为 0-1 型变量。在正式进行统计分析之前，为了方便定量分析，常把一些定类变量转换为若干个 0-1 型变量。在分类中常用到"哑变量"（又称二值变量、二分变量等），这种变量只有两个取值，通常是 0 和 1。例如，变量"性别"有两个类别，可以用一个哑变量 X 来表示，$X=0$ 代表男性，$X=1$ 代表女性。一般来说，含 K 个类别的变量可以用 $K-1$ 个 0-1 型变量来表示。

思考题

1. 为什么要整理调查资料？

2. 从哪些方面对问卷进行审核？

3. 编码表或编码手册包含哪些信息？

4. 问卷中开放式问题的编码步骤有哪些？

5. 为什么要进行数据预处理？

第九章

数据统计分析

对数据资料进行全面的检查和整理以后，就可以进入数据分析阶段。数据分析就是根据调查目的采用一种或几种数据分析方法，对经过整理的调查数据进行分组、汇总、检验和分析。市场调查资料分析包括定量分析和定性分析，统计分析属于定量分析。

根据调查目的的不同，可以将数据统计分析方法分为描述统计分析和推断统计分析两大类。描述统计分析着重于对数量水平或其他特征的描述，以反映现象的数量特征和数量关系。推断统计分析是根据样本数据推断总体的某一特征，其结果主要用于推断总体、进行预测、揭示原因和检验理论等。

根据统计分析所涉及的变量的多少，还可以将统计分析方法分为单变量统计分析、双变量统计分析和多变量统计分析。单变量统计分析主要对某一变量的数量水平或其他特征进行描述，或对总体进行推断。双变量统计分析主要分析两个变量之间的关系。多变量统计分析即分析多个变量之间的关系。

一、描述性统计分析

描述性统计分析就是用统计值来描述样本的有关特征或变量之间的关系，以反映现象的数量特征和数量关系。例如，通过样本的平均收入的统计值来反映总体的收入水平，通过对样本收入与样本年龄的相关分析来反映收入与年龄的相关程度。描述性统计分析注重测量的准确性，对样本数据的准确性、可靠性和测度方法有一定的要求。描述性统计分析方法主要包括频数分布分析、集中趋势分析、离散趋势分析、交叉列联分析、相关分析和回归分析等。

1. 频数分布分析

频数是指变量取值在各个数值上出现的个数或次数。频数分布分析就是计算数据的各个取值出现的次数。对于离散型变量(如定类变量)，计算频数时只需将每一变量取值的个案数相加。例如，根据样本的性别数据计算男性和女性的频数时，只需将男性和女性样本的个案数相加即可。而对于连续型变量（如定距变量），频数的计算必须分组进行。例如，对样本的年龄数据进行频数分析时，由于年龄是连续型变量，我们需要先根据样本的年龄数据将年龄分组，再计算各样本单位所落入的年龄组别出现的次数。进行频数分布分析时，不仅要关心数据的集中趋势、离散性和分布形状，还要计算缺失值、极端值、范围外数据的比例等。频数分布分析有助于我们了解数据取值的分布情况，把握数据的分布特征，还能在一定程度上检验样本是否具有总体代表性、抽样是否存在系统偏差等。

描述频数分布时常常用到频数分布表和直方图。频数分布表一般包括组别、频数、百分比、累计百分比等，如表 9-1 所示。

表 9-1 　　　　　　　　　　　　　某班 30 名学员的年龄分布表

组别	频数	百分比	累积百分比
18 岁以下	2	6.67%	6.67%
18～25 岁	8	26.67%	33.33%
26～30 岁	6	20.00%	53.33%
31～35 岁	6	20.00%	73.33%
36～40 岁	5	16.67%	90.00%
40 岁以上	3	10.00%	100.00%
总计	30	100.00%	—

表 9-1 中的第一列为年龄段，第二列为各年龄段的频数，第三列为各年龄段频数的百分比，第四列为各年龄段频数的累积百分比。频数的总和总是等于样本单位的总数，频数百分比的总和总是等于 100%。

频数分布表的制作主要包括以下几个步骤。

① 找出数据的取值范围，通过对数据顺序的排列找出最大值和最小值。

② 确定组数。此时需要考虑样本数，样本数越多，组别数也应越多。

③ 计算组距。结合组数、数据的全距（一组数据中的最大值与最小值之差），确定近似组距，近似组距 $= \dfrac{\text{最大值} - \text{最小值}}{\text{组数}}$。

④ 确定组限。最小组的下限应小于或等于数据的最小值，最大组的上限应大于或等于数据的最大值，以确保每一个数据都能落入相应的组别中。

⑤ 计算样本数据落入各组的频数和频率。通过组限设置和顺序表，确定各组段的频数。

为了更加直观地呈现数据的分布情况，还可以根据表 9-1 中的数据制作直方图。直方图能够精确地表示数据的分布情况，便于判断总体的分布情况，如图 9-1 所示。

2．集中趋势分析

集中趋势分析是指对数据的集中特征进行分析。反映数据集中趋势的常用指标有平均数、中位数和众数。

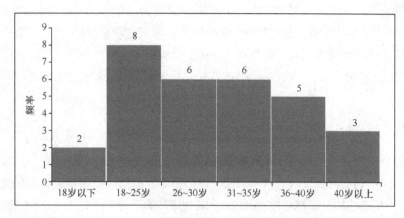

图 9-1 直方图

（1）平均数

假定一个样本有 n 个观测值，其简单算术平均数的计算方法为用观测值的个数 n 去除观测值的和，计算公式为 $\bar{x} = \frac{1}{n}\sum_{i=1}^{n}x_i$。其中，$x_i$ 为 x 的第 i 个观测值，n 为样本量。平均数用于分析定距变量和定比变量，主要是为了描述平均水平。但平均数容易受到极端值的影响，如果样本数据中存在少数极端值，则平均数会受到较大的影响。

（2）中位数

将样本数据按大小顺序排序，处于中间位置的那个数即为中位数，用 M_e 表示。中位数将样本数据分为相等的两部分，50%的数据比中位数小，50%的数据比中位数大。如果样本量 n 为奇数，则中位数为 $x_{\left(\frac{n+1}{2}\right)}$；如果样本量 n 为偶数，则取 $\frac{n+1}{2}$ 位置两侧的数的平均数，中位数为 $\frac{x_{\left(\frac{n}{2}\right)} + x_{\left(\frac{n+2}{2}\right)}}{2}$。中位数一般用于分析定序变量、定距变量和定比变量的集中趋势。在很多情况下，不易计算算术平均数时，可用中位数代表总体的一般水平。例如，用人口年龄的中位数表示人口总体年龄的一般水平。

（3）众数

众数即出现次数最多的变量值，用 M_o 表示。众数可用于分析定类变量、定序变量和定距变量的集中趋势。对于定类变量和定序变量，众数可以直接从变量的频率分布中观察到，出现次数最多的变量值即为众数。对于定距变量，则需要将数据分组，用频数最高的组别的中值来表示变量的众数。众数反映最普遍、最常见的现象，常用来代替算术平均数反映现象的一般水平。

（4）平均数、中位数和众数的比较

平均数适用于分析定距变量和定比变量。平均数的大小受每个观测值的影响，比较稳定，能够充分利用观测值的全部信息，但易受极端值的影响，如果观测值中有明显的极端值，则平均数的代表性较差。中位数适用于分析定序变量、定距变量、定比变量，特别是分布不规则的数据，不适用于分析定类变量。中位数不受极端值的影响，但没有充分利用观测值的全部信息，稳定性不及平均数，而优于众数。众数主要适用于分析定类变量和定序变量，不适用于分析未分组的连续变量。众数不受极端值的影响，但没有充分利用观测值的全部信息，缺乏稳定性和敏感性。

3．离散趋势分析

离散趋势分析就是用统计指标概括和描述数据间的差异程度。离散趋势分析与集中趋势分析不同的是，集中趋势分析反映数据的共性，离散趋势分析则反映数据的差异程度。数据的离散程度越大，说明数据的分布越分散，反映变量集中趋势的平均指标对该组数据的代表性越差；离散程度越小，则代表性越好。常用的反映数据差异程度的指标有方差、标准差、四分位差、全距和变异系数等。

（1）方差和标准差

方差和标准差是反映数据离散程度时最常用的指标。方差用 S^2 表示，即标准差 S 的平方。

方差等于每一个观测值与均值之差的平方和除以样本量。方差的计算公式为：$S^2 = \dfrac{\sum\limits_{i=1}^{n}(x_i - \overline{x})^2}{n-1}$。

方差和标准差反映的是所有观测值相对于均值的离散程度，其大小与均值的代表性呈反向变化关系，即方差或标准差越大，均值的代表性就越差。方差和标准差适用于分析定距变量。

（2）四分位差

将一组数据从小到大排列后，用三个四分位点 Q_1、Q_2、Q_3 将其分为四个相等的部分，第一个四分位数点 Q_1 是第 25 个百分位数点，即下分位数点；第二个四分位数点 Q_2 是第 50 个百分位数点，即中位数点；第三个四分位数点 Q_3 是第 75 个百分位数点，即上四分位数点。上四分位数点与下四分位数点之间的距离即为四分位差，用 QD 表示，$QD = Q_3 - Q_1$。四分位差经常与中位数一起用来描述定距变量和定序变量的分布。如果四分位差较小，说明数据集中在中位数附近，数据的分布比较集中；反之，则说明数据的分布比较分散。四分位差的缺点是只由两个点决定，没有充分利用所有的数据信息。

（3）全距

全距也称为极差，是一组数据中的最大值与最小值之差。全距的计算公式为：$R = \max(x_i) - \min(x_i)$。全距表明了数据的分布范围，是描述数据离散程度时最简单的方法。全距越大，说明数据的差异越大；反之，则越小。全距可用于分析定序变量、定距变量和定比变量的离散程度。用全距分析离散程度的优点是计算简单，但全距由两端的数值决定，不能反映中间数据的分布情况。如果两个极端值相差较大，全距便不能确切地反映数据的离散程度。

（4）变异系数

变异系数也称离散系数，即标准差与均值的商，用 CV 表示，计算公式为 $CV = \dfrac{S}{\bar{x}}$。变异系数主要用于比较不同类别的数据的离散程度。由于标准差的大小不仅与数据的测度单位有关，也与观测值的均值有关，不能直接用标准差来比较数据的离散程度。变异系数消除了测度单位和观测值水平不同的影响，因而可以直接用来比较数据的离散程度。

4. 交叉列联分析

上述描述性统计分析方法包括频数分析、集中趋势分析和离散趋势分析，都是单变量描述性统计分析，即对样本的某一变量的观测值进行概括性描述。在市场研究中，往往还要涉及两个及两个以上变量的统计分析。

交叉列联分析又称交叉分析，是指同时将两个或两个以上的变量按照一定的顺序排列在一张表中，以分析变量之间的相关关系。当我们需要将两个或两个以上的变量联系起来进行分析，寻找变量之间的相关关系时，通常可以采用交叉列联分析，比如分析性别与某产品消费频率之间的关系、教育程度与收入之间的关系等。

下面介绍双变量交叉列联分析。为了分析性别与知识付费产品的使用频率之间的关系，根据抽样调查得到的数据编制双变量交叉列联表，如表 9-2 所示。

表 9-2　　　　　　　　　　　性别与知识付费产品的使用频率之间的关系

知识付费产品的使用频率	性别		合计
	男	女	
低	22（46.81%）	63（58.88%）	85
高	25（53.19%）	44（41.12%）	69
合计	100.00%	100.00%	154

为了分析性别与知识付费产品的使用频率之间的关系，假定性别为自变量，知识付费产品的使用频率为因变量。由表 9-2 可见，在男性受访者中，知识付费产品使用频率低的占 46.81%，使用频率高的占 53.19%；在女性受访者中，知识付费产品使用频率低的占 58.88%，使用频率高的占 41.12%。因此，男性使用知识付费产品的频率可能高于女性。性别与知识付费产品的使用频率之间的联系可能受第三变量的影响，比如教育程度。因此，还可以引入第三个变量进一步考察影响知识付费产品使用频率的其他因素。

交叉列联分析易于理解，操作简单，而且可以解释比较复杂的现象，在市场调查中的应用广泛。交叉列联分析可用于分析定类变量、定序变量、定距变量和定比变量之间的相互关系。交叉列联分析的主要优点是：可以将复杂的数据简单化，较为直观，容易理解和接受；方法操作简单，非专业人员也能使用该方法对变量间的关系进行分析；分析结果还可以为相关分析、因子分析等深度分析提供基础。

5. 相关分析

所谓相关分析是指分析现象之间是否存在某种依存关系，以及这种依存关系的方向和相关程度如何，比如消费者的收入与支出之间的关系、广告投入与销售量之间的关系。相关分析主要研究那些具有密切关联而又不能用函数精确表达的变量之间的关系。例如，消费者的消费支出和收入之间密切相关，但是消费者的收入并不能完全用来确定他们的消费支出，因为影响消费的因素还有很多，包括消费观念、生活习惯、季节气候等。

相关关系在表现形式上可以分为直线相关和曲线相关。如果现象间的相关关系可以近似地用一条直线来表示，即因变量随着自变量的变化发生大致均等的变化，则称为直线相关或线性相关；如果本现象间的相关关系可以近似地用一条曲线来表示，即因变量随着自变量的变化而变化，但这种变动不是均等的，则称为曲线相关或非线性相关。

相关表和相关点图可以帮助我们初步判断现象之间有无相关关系，以及相关关系的表现形式、方向、密切程度如何。具体应用时，将具有相关关系的自变量和因变量的取值平行地排列在一张表中（如表9-3所示），再根据相关表绘制相关点图（散点图，如图9-2所示）。

表9-3　　　　　　　　某市人均月收入与知识付费产品消费支出的相关数据

序号	人均月收入（元）	知识付费产品消费支出（元）
1	2500	120
2	3000	150
3	3500	160
4	4000	180
5	4500	210
6	5000	250
7	5500	300
8	6000	320

图9-2中的横轴为人均月收入，纵轴为知识付费产品消费支出，每个观测单位以点的形式出现在图中。由图9-2可以初步判断，某市人均月收入与知识付费产品消费支出有相关关系，二者为直线相关，相关方向为正相关，即随着人均月收入的增加，知识付费产品消费支出也增加。

但相关点图和相关表只能初步反映现象间的相关关系，不能从数量上说明相关关系的密切程度。要从数量上精确反映相关关系的密切程度，就需要进一步计算相关系数。

相关系数是用来分析直线相关条件下两个变量间的相关方向和密切程度的一种统计分析指标，其计算公式如下：

$$r = \frac{COV_{xy}}{S_x S_y} = \frac{\sum_{i=1}^{n}(x_i - \overline{x})(y_i - \overline{y})}{\sqrt{\sum_{i=1}^{n}(x_i - \overline{x})^2 \sum_{i=1}^{n}(y_i - \overline{y})^2}}$$

其中，r 为相关系数，COV_{xy} 表示 x 与 y 的协方差，S_x 和 S_y 分别表示变量 x 与 y 的标准差。

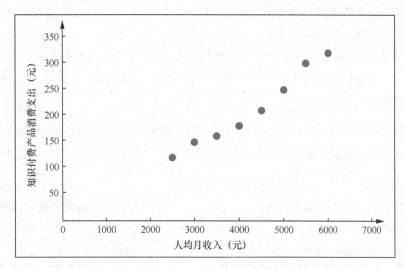

图 9-2　人均月收入与知识付费产品消费支出的相关点图

相关系数的取值范围在 –1 和 +1 之间。如果相关系数大于 0，则两个变量呈正相关；如果相关系数小于 0，则两个变量呈负相关；如果相关系数等于 0，则两个变量间不存在线性相关关系。相关系数的取值及其所反映的相关程度如下：

$|r| < 0.3$　　　　　微相关

$0.3 \leqslant |r| < 0.5$　　　　低度相关

$0.5 \leqslant |r| < 0.8$　　　　中度相关

$0.8 \leqslant |r| \leqslant 1$　　　　高度相关

在实际应用相关系数时，需要注意以下两点。

① 样本数据较多时，用相关系数判断相关关系才有意义。如果样本数据太少，则会降低判断的可信度。

② 相关系数只是用来反映线性相关条件下两个变量间的相关关系的密切程度，相关系数很小或为 0 并不一定代表两个变量间不存在其他非线性相关关系。

6. 回归分析

回归分析就是将两个或两个以上的变量之间的变动关系加以模型化，由一个或几个变量来预测另一个变量的统计分析方法。比如，经济社会中影响产品销售额的因素众多，居民收入变化、产品价格高低、广告投入增减都有可能引起产品销售额的变化。将产品销售额作为因变量，其他各种影响因素作为自变量，当自变量发生变化时，产品销售额可能按某种规律在一定范围内变化。回归分析通过建立回归模型来模拟现象之间的关系，揭示现象的特点和发展变化规律，并对市场现象的未来发展状况和水平进行预测。

根据回归方程中自变量与因变量之间是否存在线性关系，可以将回归分析分为线性回归分析和非线性回归分析。在线性回归中，依据自变量的个数，可将其分为一元线性回归分析和多元线性回归分析。一元线性回归分析将一个自变量和一个因变量之间的依存和变化关系模型化，又称简单线性回归分析。多元线性回归分析用于分析两个及两个以上的自变量与一个因变量之间的关系，并建立模型进行预测。

下面主要介绍简单线性回归方程的建立、分析步骤和具体应用。简单线性回归分析是指在一个自变量和一个因变量之间存在直线相关关系的基础上，可以用线性回归方程表示二者之间的平均变化关系。

简单线性回归分析的预测模型为：$\hat{y_i} = a + bx_i$。其中，$\hat{y_i}$ 表示实际观测值 y_i 的估计值，a 和 b 为确定预测模型的两个待定参数。在根据样本数据确定线性回归方程时，一般要使变量的估计值 $\hat{y_i}$ 尽可能接近实际观测值 y_i，即要使离差 $e_i = y_i - \hat{y_i}$ 尽可能小。因此，当 $\sum e_i^2 = \sum (y_i - \hat{y_i})^2$ 最小时，最小二乘估计值 a 和 b 分别为：

$$b = \frac{\sum (x_i - \bar{x})(y_i - \bar{y})}{\sum (x_i - \bar{x})^2} = \frac{n \sum x_i y_i - \sum x_i \sum y_i}{n \sum x_i^2 - (\sum x_i)^2}$$

$$a = \bar{y} - b\bar{x} = \frac{1}{n} \sum y_i - \frac{b}{n} \sum x_i$$

其中，$\bar{x} = \frac{1}{n} \sum x_i$，$\bar{y} = \frac{1}{n} \sum y_i$。在确定 a 和 b 两个参数后，就可以得出简单线性回归方程的数学表达式。

简单线性回归分析的一般步骤如下。

① 根据研究目的确定自变量和因变量。

② 分析两个变量间有无相关关系，这是回归分析的前提。相关分析可以用相关点图表示。

③ 建立回归模型，即根据两个变量间的相关关系建立回归方程。

④ 进行相关性的显著性检验。

⑤ 将需要预测的自变量代入方程，计算预测值。

例 9-1 为按照以上步骤进行简单线性回归分析的具体实例。

例 9-1

山上的积雪融化后会对下游的灌溉产生影响。为了研究二者之间的关系，研究者在年初测量了山上最大的积雪深度（单位：尺），并获得了当年的灌溉面积（单位：千亩）。假设得到连续 10 年的数据，如表 9-4 所示。建立最大积雪深度和灌溉面积的回归分析方程。若第 11 年的最大积雪深度为 25 尺，当年的灌溉面积是多少？

表 9-4　　　　　　　　　　　　　回归分析计算

年序	最大积雪深度（x_i）	灌溉面积（y_i）	$x_i y_i$	x_i^2
1	16.8	30.2	507.36	282.24
2	12.1	22.3	269.83	146.41
3	22.3	41.5	925.45	497.29
4	18.6	36.5	678.9	345.96
5	24.1	47.0	1132.7	580.81
6	23.2	44.9	1041.68	538.24
7	13.7	29.2	400.04	187.69
8	16.5	34.1	562.65	272.25
9	26.4	48.9	1290.96	696.96
10	20.2	38.6	779.72	408.04
合计	193.9	373.2	7589.29	3955.89

设回归方程为 $\widehat{y_i} = a + b x_i$。

由表中的数据可得：

$$b = \frac{n\sum x_i y_i - \sum x_i \sum y_i}{n\sum x_i^2 - (\sum x_i)^2} = \frac{10 \times 7589.29 - 193.9 \times 373.2}{10 \times 3955.89 - (193.9)^2} \approx 1.7992$$

$$a = \overline{y} - b\overline{x} = \frac{1}{n}\sum y_i - \frac{b}{n}\sum x_i = \frac{373.2}{10} - 1.7992 \times \frac{193.9}{10} = 2.4340$$

回归方程为：$\widehat{y_i} = 2.4340 + 1.7992 x_i$

将 $x_i = 25$ 代入方程，可得 $\widehat{y_i} = 2.4340 + 1.7992 \times 25 = 47.414$（千亩），即若第 11 年的最大积雪深度为 25 尺，当年的灌溉面积约是 47.4 千亩。

回归分析是一种因果关系模型，在实际工作中具有预测功能。当得到两个变量的回归方程后，就可以由自变量的取值通过回归方程计算出因变量的预测值。因此，回归分析在实际工作中常用于预测。例如，市场研究中将产品销售额作为因变量，将居民收入、产品价格或广告投入等影响因素作为自变量，通过建立回归方程就可以根据自变量的变化来预测产品销售额的变化，从而对市场的未来发展状况和水平做出判断。

7．相关分析与回归分析的区别

相关分析主要研究变量之间是否存在相关关系以及相关关系的密切程度如何，回归分析则主要依据变量间的相关关系，通过建立数学模型来近似地表示变量间的平均变化关系。相关分析与回归分析既有联系又有区别，二者的区别体现为以下几点。

① 相关分析中变量间的关系是对等的，不存在自变量和因变量。回归分析中变量间的关系是不对等的，需根据研究目的确定其中一个变量为自变量，另一个为因变量。

② 相关分析要求分析的变量必须是随机变量。回归分析只要求因变量是随机变量，自变量是可控制的变量。

③ 相关分析只反映变量间相关关系的密切程度，无法说明变量间的一般关系。回归分析可以建立回归方程来近似地表示变量间的平均变化关系。

二、推断统计分析

推断统计分析是指根据数理统计的有关原理，利用样本数据来推断总体的某一特征。比如，根据样本的平均年龄推断总体的平均年龄，根据样本的年龄和收入的相关程度推断总体的年龄和收入的相关程度。推断统计分析的内容包括参数估计和假设检验两部分。推断统计分析的结果主要用于推断总体、进行预测、揭示原因和检验理论等。

1．参数估计

参数估计是指在总体分布已知的情况下用样本统计量估计总体参数。例如，从某企业员工中随机抽取 100 人，由这 100 个员工的的平均收入来估计整个企业员工的人均收入水平。参数估计分为点估计和区间估计两类。点估计就是由一个样本的统计量来估计总体的未知参数值。在这个例子中，由 100 个员工的平均收入来估计该企业全体员工的人均收入就是点估计。点估计的缺点是无法了解推测总体的可信度如何。区间估计是常用的参数估计方法，而且能够弥补点估计的缺点和不足。所谓区间估计，即以区间的形式给出总体参数值的范围以及该区间包括总体参数值的可信度。例如，上例中根据 100 个员工的平均收入情况推测该企业全体员工的人均收入所在的范围区间，并给出该区间估计的可信度。对于定距变量和定比变量，主要对总体的均值和方差进行区间估计。对于定类变量和定距变量，主要对总体的比例进行区间估计。

（1）总体均值的区间估计

在对总体的均值进行区间估计时，需要事先确定适当的置信度，然后根据样本的抽样误差和样本统计值来确定置信区间。置信区间即根据样本均值估计的总体均值的可能范围。置信区间受置信度和样本抽样误差的影响。置信度即总体均值落在置信区间内的概率，用 $1-\alpha$ 来表示，其中 α 为显著性水平。样本均值的抽样误差受样本量以及总体分布形态和方差的影响。一般假定总体服从正态分布,样本抽样误差等于 $\sigma/\sqrt{n}$,其中总体方差 σ^2 可能已知,也可能未知。

当总体方差 σ^2 已知时,总体均值 μ 的置信度为 $1-\alpha$ 的置信区间是 $\left(\overline{x}-\dfrac{\sigma}{\sqrt{n}}Z_{\alpha/2},\ \overline{x}+\dfrac{\sigma}{\sqrt{n}}Z_{\alpha/2}\right)$ 。其中, $\overline{x}$ 为样本均值, n 为样本量, σ 为总体标准差, $Z_{\alpha/2}$ 为置信水平 α 的 Z 值。当 $\alpha=0.05$ 时, $Z_{\alpha/2}=1.96$ 。我们称区间 $\left(\overline{x}-\dfrac{\sigma}{\sqrt{n}}Z_{\alpha/2},\ \overline{x}+\dfrac{\sigma}{\sqrt{n}}Z_{\alpha/2}\right)$ 包含总体均值 μ 的可信度为 $1-\alpha$ 。

当总体方差 σ^2 未知时,总体均值 μ 的置信度为 $1-\alpha$ 的置信区间是 $\left(\overline{x}-\dfrac{S}{\sqrt{n}}t_{\alpha/2}(n-1),\right.$ $\left.\overline{x}+\dfrac{S}{\sqrt{n}}t_{\alpha/2}(n-1)\right)$ 。其中, $\overline{x}$ 为样本均值, n 为样本量, $t_{\alpha/2}(n-1)$ 为置信水平 α 的 $t(n-1)$ 值; S^2 为总体方差 σ^2 的无偏估计, $S^2=\dfrac{1}{n-1}\sum\limits_{i=1}^{n}(x_i-\overline{x})^2$ 。

（2）总体比例的区间估计

对总体的比例进行区间估计时,方法与与总体均值的区间估计类似。给定显著性水平为 α ,则置信度为 $1-\alpha$,总体比例在 $1-\alpha$ 的置信水平下的置信区间为 $\left(p-Z_{\alpha/2}\sqrt{\dfrac{p(1-p)}{n}},\right.$ $\left.p+Z_{\alpha/2}\sqrt{\dfrac{p(1-p)}{n}}\right)$ 。其中, p 为样本比例, $Z_{\alpha/2}$ 为置信水平 α 的 Z 值, n 为样本量。

2. 假设检验

假设检验是指在总体分布未知或在总体分布已知而总体参数未知的情况下,为推断总体的性质,先提出有关总体的假设,再根据样本数据对假设进行判断,做出接受或拒绝这一假设的决定。例如,假设某企业全体员工的人均收入约为 3000 元,从全体员工中随机抽取 100 人作为样本计算他们的人均收入,看是否为 3000 元左右,以这一样本的人均收入来检验关于总体的假设是否正确。

假设检验依据的是小概率原理,即小概率事件在一次观测中几乎不可能发生,如果在一次观测中出现了小概率事件,就应该否定此事件是小概率的说法。根据这一原理,在假设检验中,先假定提出的原假设 H_0 为真,某事件 A 在 H_0 为真的条件下发生的概率很小,但经过抽样调查,如果事件 A 发生,则有理由怀疑原假设的正确性。

假设检验可能做出两类错误的判断:第一类错误为"弃真"的错误,即 H_0 为真时拒绝了 H_0 ,也就是错误地拒绝了原假设,这类错误发生的概率即为显著性水平 α ;第二类错误为"取伪"的错误,即 H_0 不为真时接受了 H_0 ,也就是错误地接受了原假设。这两类错误如表 9-5 所示。

表 9-5	第一类错误与第二类错误	
错误类型	接受 H₀	拒绝 H₀

错误类型	接受 H_0	拒绝 H_0
H_0 为真	正确决策 概率=$1-\alpha$	第一类错误 概率=α
H_0 不为真	第二类错误 概率=β	正确决策 概率=$1-\beta$

假设检验的一般步骤如下。

① 根据实际问题提出原假设和备择假设。原假设通常是根据实际问题和已有研究资料确定的，一般用 H_0 表示。备择假设就是与原假设相反的假设，用 H_1 表示。

② 确定适当的统计量，并在原假设成立的条件下确定该统计量的分布。一般根据总体的分布形态、测定的变量类型和样本规模等选择适当的统计量，并确定在原假设成立的条件下这一统计量的分布。

③ 根据需要确定适当的显著性水平以及对应的临界值。显著性水平用 α 表示。常用的三个显著性水平为 0.05、0.01 和 0.001。查表可得显著性水平对应的临界值。

④ 根据样本观测值计算、检验统计量的观测值，并将其与临界值比较，做出拒绝或接受原假设的判断。

例 9-2 为根据以上方法进行假设检验的具体实例。

例 9-2

某公司开发了一款新产品，需要检验消费者对该产品的偏好情况，若有 30%以上的消费者喜欢该产品，则可以将其投入生产。该公司随机选择了 500 名消费者试用该产品，并调查其偏好，结果显示有 160 名消费者喜欢该产品。在显著性水平 $\alpha=0.05$ 的情况下，能否认为该产品可以投入生产？

首先，根据研究问题提出原假设 $H_0: p \leq p_0$，备择假设 $H_1: p > p_0$。

其次，确定适当的统计量。由于样本规模为 500，是大样本，选择统计量 Z。

再次，确定显著性水平为 $\alpha=0.05$。$\alpha=0.05$ 时，临界值 $Z_{\alpha/2}=1.96$。

最后，根据样本观测值计算、检验统计量的观测值。在原假设为真时统计量为 $Z = \dfrac{\overline{p} - p_0}{\sigma_p}$，

其中 $\overline{p}$ 为喜欢该产品的消费者所占的比例，$\overline{p} = \dfrac{160}{500} = 0.32$；$p_0$ 为开发该产品的评判标准，

$p_0 = 0.3$；$\sigma_p = \sqrt{\dfrac{p_0(1-p_0)}{n}}$。统计量值为 $Z = \dfrac{\overline{p} - p_0}{\sigma_p} = \dfrac{0.32 - 0.3}{\sqrt{0.3(1-0.3)/500}} \approx 0.98$，与临界值进行

比较，$Z = 0.98 < Z_{\alpha/2} = 1.96$，不能拒绝原假设 H_0，结论是该产品不能投入生产。

单个正态总体均值 μ 的原假设形式可能为 $\text{H}_0 : \mu = \mu_0$，或 $\text{H}_0 : \mu \geqslant \mu_0$，或 $\text{H}_0 : \mu \leqslant \mu_0$。当总体方差已知时采用 Z 统计量，利用在 H_0 为真时服从标准正态分布的统计量 $Z = \dfrac{\bar{x} - \mu_0}{\sigma / \sqrt{n}}$ 来检验关于总体均值 μ 的假设。当总体方差未知时，则采用 t 检验，利用在 H_0 为真时服从 t 分布的统计量 $t = \dfrac{\bar{x} - \mu_0}{s / \sqrt{n}}$（自由度为 $n-1$）进行检验。

3. 方差分析

方差分析是比较若干个总体均值之差的一种统计分析方法。通过检验两个及两个以上的样本的均值之间是否存在显著性差异，可以分析数据中不同来源的变异对总变异的影响程度。在一个复杂事物中，有很多互相制约和依存的影响因素。例如，不同行业、不同品牌、不同促销方式等都会对销售量产生影响，消费者的性别、年龄、职业、收入等也会对购物选择产生影响。方差分析用于分析影响复杂事物的不同因素，找出有显著影响的因素、各因素间的相互作用以及显著影响因素的最佳水平等。

在方差分析中，因变量称为观测变量，自变量或控制变量称为因素，因素的各种取值称为水平。方差分析通过比较在各个因素的不同取值水平下观测变量的总体分布是否有显著差异，分析因素对观测变量的影响。如果观测变量的绝大多数变异都可以由因素水平的改变来解释，则可以把该因素视为影响观测变量的关键控制变量。如果只分析一个影响因素对观测变量的影响，则称之为单因素方差分析；如果研究多个影响因素对观测变量的影响，则称之为多因素方差分析。

（1）单因素方差分析

单因素方差分析，即关注某一因素的不同水平对观测变量的影响是否存在显著差异。单因素方差分析可以解决许多问题，如不同价格水平下消费者对产品的购买意愿是否不同，不同促销方式对销售额的影响是否有显著差异。

单因素方差分析的步骤如下。

① 确定因素与观测变量，提出原假设。

假设观测变量为 Y，因素为 X，X 有 k 个水平。在 X 的每个水平下，Y 的观测值个数为 n_i，总样本量 $n = \sum\limits_{j=1}^{k} n_j$。数据结构如表 9-6 所示。

提出原假设 $\text{H}_0 : \mu_0 = \mu_1 = \mu_2 = \mu_3 = \cdots = \mu_k$。

② 分别计算总方差、组间方差和组内方差，得出方差分析表，如表 9-7 所示。

在表 9-7 中，$\overline{y_j}$ 为组内平均值，反映因素在第 j 个水平下的平均值；$\bar{y}$ 为总体均值；$\sum\limits_{j=1}^{k} n_j$

为总样本量。

表 9-6 单因素方差分析的数据结构

项目		因素 X			
		水平 1	水平 2	⋯	水平 k
样本量	1	y_{11}	y_{12}	⋯	y_{1k}
	2	y_{21}	y_{22}	⋯	y_{2k}
	3	y_{31}	y_{32}	⋯	y_{3k}
	⋯	⋯	⋯	⋯	⋯
	n_i	$y_{n_i 1}$	$y_{n_i 2}$	⋯	$y_{n_i k}$

表 9-7 单因素方差分析表

方差来源	方差（平方和）	自由度 df	方差（MSS）	临界值（F 值）
组间方差	$SS_b = \sum_{j=1}^{k} n_j (\overline{y_j} - \overline{y})^2$	$k-1$	$MSS_b = SS_b / (k-1)$	$F = \dfrac{MSS_b}{MSS_w}$
组内方差	$SS_w = \sum_{j=1}^{k} \sum_{i=1}^{n_i} (y_{ij} - \overline{y_j})^2$	$n-k$	$MSS_w = \dfrac{SS_w}{n-k}$	
总离差	$SS_y = \sum_{j=1}^{k} \sum_{i=1}^{n_i} (y_{ij} - \overline{y})^2$	$n-1$		

组间方差 SS_b 反映每个水平下的均值与总体均值之间的偏差。

组内方差 SS_w 反映每一个总体内部的抽样误差，SS_w 又可以写作 SS_{error}。

总离差 SS_y 表示各个样本数据与总体均值之间的偏差。

总离差 SS_y 由因素的组间方差 SS_b 与组内方差 SS_w 组成。

③ 显著性检验，即 F 检验。我们通过查表可以得到临界值 $F_a(k-1, n-k)$，如果 F 值大于临界值 $F_a(k-1, n-k)$，显著性水平低于 α，则拒绝原假设。

④ 分析结果，得出结论。如果原假设没有被拒绝，说明因素对观测变量没有显著影响；如果原假设被拒绝，说明因素对观测变量有显著影响。

例 9-3 为根据以上方法进行单因素方差分析的具体实例。

例 9-3

为了研究不同年龄段的消费者对某产品的购买量是否存在显著差异，研究者将受访者按年龄分为老、中、青三个水平，并随机调查某一时期内不同年龄段的消费者在四个商店中购买该产品的情况，如表 9-8 所示。不同年龄段的消费者购买该产品的数量有无显著差异？

表 9-8　　　　　　　　　　　　不同年龄段的消费者购买某产品的数量

各商店购买量	消费者年龄分组			
	老年组（A1）	中年组（A2）	青年组（A3）	合计
商店 1	256	264	213	733
商店 2	285	267	236	788
商店 3	227	213	231	671
商店 4	234	245	223	702
各水平下的样本均值	251	247	226	
总样本均值	241			

首先，确定因素为消费者的年龄 X，各年龄分组即为因素水平 A_1、A_2、A_3，观测变量为该产品的购买量。各水平下的总体均值分别为 μ_1、μ_2、μ_3 和 μ_4。提出原假设 $H_0 : \mu_1 = \mu_2 = \mu_3 = \mu_4$。

其次，分别计算总方差、组间方差和组内方差，得出消费者年龄分组关于该商品购买量的方差分析表，如表 9-9 所示。

表 9-9　　　　　　　　　消费者年龄分组关于该商品购买量的方差分析表

方差来源	平方和	自由度	均方	F 值	P-value	F crit
因素（组间）	1447.17	2	723.583	1.558	0.26	4.26
误差（组内）	4196.5	9	466.28			
总方差	5643.67	11				

再次，在 $\alpha = 0.05$ 时检验上述假设。由表 9-9 可知临界值 $F_{0.05}(2,1) = 4.26$，$F = 1.55$。由于 F 值小于临界值，所以在显著性水平 $\alpha = 0.05$ 时接受原假设，即认为因素的不同水平不存在显著差异。

最后，得出结论。由于原假设没有被拒绝，说明因素对观测变量没有显著影响，即不同年龄分组的消费者购买该商品的数量没有显著差异。

（2）多因素方差分析

多因素方差分析关注多个因素在不同水平下对观测变量的影响是否存在显著差异。在市场营销管理中，影响决策的因素往往不止一个，我们要研究多个影响因素对决策的影响，就可以采用多因素方差分析。比如，消费者的购买意愿受到价格水平和销售渠道的影响，我们通过双因素方差分析，可以研究各因素在不同水平下对消费者的购买意愿的影响的差异，以及影响因素之间的交互作用。

三、多元统计分析

常用的多元统计分析方法主要包括聚类分析、因子分析、判别分析、主成分分析以及结合分析等。这里主要介绍聚类分析、因子分析和判别分析。

1. 聚类分析

聚类分析是将样品或变量按某种标准进行分类的一种多元统计分析方法。在市场研究中，经常需要根据消费者的不同特性对市场进行细分，由于影响市场的因素很多，各种因素相互作用，因此市场细分不能只依据某一因素进行，需要由一系列因素来确定。这就需要采用一定的统计分析方法综合考虑有关因素，以便正确地细分市场。聚类分析就是研究分类问题的一种统计分析方法。

聚类分析方法的种类多样，有系统聚类法、样品聚类法、动态聚类法、模糊聚类法、图论聚类法、聚类预报法等。其中最常用的是系统聚类法，又称层次聚类法。运用系统聚类法进行分析时，首先在要进行聚类的样品或变量间定义一种能够反映它们的亲疏程度的量作为聚类尺度，可以采用距离或相似系数来分类。距离常用来对样品进行分类，相似系数常用来对变量进行分类。其次，以距离或相似系数作为聚类的依据，将一些距离最近或者相似程度较大的个体合并为一类，余下的个体以此类推，直到将所有个体聚合完毕，最终形成一个由小到大的分类系统。

聚类分析在市场调查中主要用在以下方面。

① 细分市场。可以根据消费者购买某产品的目的、人口特征等对消费者进行分类，从而细分市场，实施目标市场营销。

② 研究消费行为。可以通过聚类分析对消费者的购买行为进行分类，研究不同类型的消费行为。

③ 开发新产品。对产品与品牌进行聚类分析，可以识别潜在的竞争对手，并与竞争对手进行比较，从而发现竞争优势，开发新的产品。

④ 选择试销市场。通过对不同城市进行分类，选择可比的城市对不同营销策略的效果进行检验。

⑤ 简化和压缩数据。聚类分析是一种数据简化和压缩技术，可以用来生成比个体数据更容易识别的分类数据，再对分类数据进行多元分析。

聚类分析一般包括以下 6 个步骤，如图 9-3 所示。下面依次对每个步骤进行解释。

（1）确定研究问题

首先明确要研究的问题，根据所要研究的问题选取变量。聚类分析

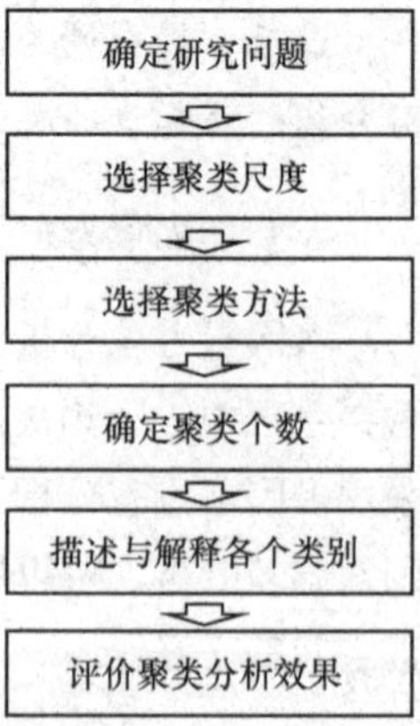

确定研究问题
↓
选择聚类尺度
↓
选择聚类方法
↓
确定聚类个数
↓
描述与解释各个类别
↓
评价聚类分析效果

图 9-3　聚类分析的步骤

是根据所选取的变量对研究对象进行分类，因此变量应能反映分类对象的特征，而且和聚类分析的目标密切相关。

（2）选择聚类尺度

选择聚类尺度，即定义一个能够反映样本间的亲疏程度的量，通常用样本间的距离或相关系数来度量。目前采用最多的距离类型是欧式距离和欧式距离的平方，适用于测量连续变量间的距离。欧式距离是所有变量差值平方和的平方根，在实际生活中的应用最为广泛。在实际应用时，可以采用不同的距离测量方法，再比较其结果。

（3）选择聚类方法

聚类分析方法主要有层次聚类和非层次聚类。层次聚类在市场研究中的应用最为广泛。进行层次聚类时，需要采用不同的距离计算方法，主要包括最短距离法、最长距离法、中间距离法、重心法、类平均法、可变法以及离差平方和法等。聚类方法不同，得出的结果可能不同。

（4）确定聚类个数

这里是指确定类别的个数，这项工作没有统一的确认标准，难度较大，我们可以参照理论、概念或实际情况确定类别个数。在层次聚类中，可以类间距离作为确定类别个数的标准，同时保证各类别内个体的个数有一定意义。比如，当对消费者进行聚类分析确定细分市场时，应根据总样本的数量来确定合适的类别个数。类别个数太多而每个类别的样本量太少是没有实际意义的。

（5）描述与解释各个类别

检验各个类别在各变量上的均值，根据类别的属性和类别之间的关系，对各个类别进行解释和说明，为各个类别命名。例如，在消费者关于不同产品的评价的聚类分析中，主要将产品分为三类，其中产品 A 和产品 B 组成一类，而且消费者对产品 A 和产品 B 的质量与服务的评价都比较低，可以将此类命名为"低劣型产品"。

（6）评价聚类分析效果

对聚类分析结果的有效性和准确性进行检验。

2. 因子分析

20 世纪初，统计学家查尔斯·斯皮尔曼最早提出因子分析的概念。因子分析是指依据"降维"的基本思想，把多个变量综合为少数几个公共因子，以较少的信息损失解决信息重叠问题并简化复杂问题，从而实现对研究问题的全面认识。因子分析的应用十分广泛，在社会学、管理学、经济学、医学、心理学以及地质学等诸多领域都得到了有效应用。例如，在对企业竞争力的评价研究中，运用因子分析可以对影响企业竞争力的多种变量（如企业的经营管理能力、生产能力、创利能力、营销能力等）进行"降维"，简化所研究的问题，实现对企业竞争力的综合评价。

因子分析的基本原理是通过分析变量（或个案）的相关系数矩阵的内部结构，找到能够代表所有变量（或个案）的少数几个综合变量（即公共因子），再利用公共因子进行更详细、更全面的评价研究。因子分析有 R 型因子分析和 Q 型因子分析两种类型。R 型因子分析以变量为对象，研究变量之间的相互关系，通过对变量的相关系数矩阵内部结构的研究，找出控制所有变量的一个主因子。Q 型因子分析以个案为对象，研究个案之间的相互关系，通过对个案的相关系数矩阵内部结构的研究，找出控制所有个案的几个主因子。二者的主要思想是一致的，计算过程和计算方法也基本相同。

因子分析在市场调查中主要用在以下方面。

① 消费者研究。在消费者研究中，常运用因子分析提取影响消费者的产品态度的基本因子，从而划分消费人群，进行市场细分。例如，根据消费者对汽车的性能、价格、便利性、舒适度等的偏好，把汽车消费市场划分为追求功效型、追求经济型、追求便利型、追求舒适型等不同的细分市场。

② 产品研究。在产品研究中，常运用因子分析研究品牌形象和产品属性。例如，某银行为研究该银行在消费者心中的形象，根据消费者对该银行的 15 个指标的评价结果，提炼出传统服务、便捷、可见度、业务水平四个方面的评价因子，对该银行进行全面的评估。又如，在汽车产品特性研究中，可以利用因子分析找出影响汽车产品特性的主要因子（如耗油量、性价比、舒适程度等），从而找出该汽车产品的优势。

③ 广告研究。在广告研究中，可运用因子分析了解目标人群接触媒体的习惯，从电视、报纸、杂志、户外广告、网络广告等媒体中找出目标人群接触的主要媒体形式及其特征，以确定合理的广告媒体投放计划。

④ 满意度研究。在满意度研究中，可运用因子分析找到影响顾客满意度的基础因子，从而帮助企业改进产品质量和服务。

因子分析主要包括 7 个基本步骤，如图 9-4 所示。下面依次对每个步骤进行解释。

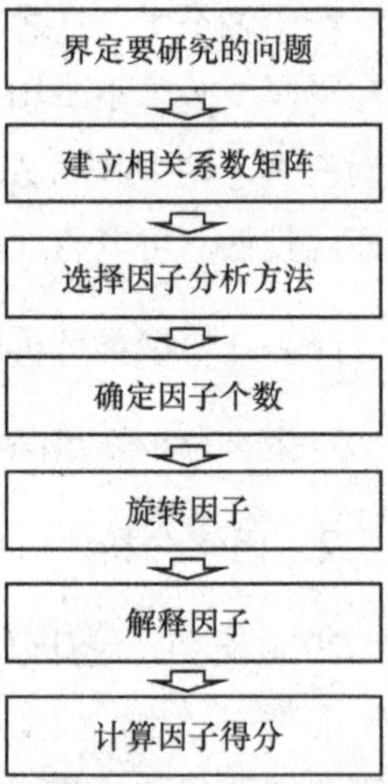

（1）界定要研究的问题

首先明确研究目的和要研究的问题，根据研究设计确定参与因子分析的变量，并且确定这些变量是否符合因子分析的要求。因子分析要保证一定的样本量，样本量应该是变量个数的 4 倍以上。参与因子分析的变量必须是定距变量或定比变量。

（2）建立相关系数矩阵

图 9-4　因子分析的一般步骤

所谓相关系数矩阵（R 矩阵）就是原始变量两两之间的单相关系数的矩阵。在相关系数矩阵中，大多数相关系数达到 0.3 及以上时就可以进行因子分析。如果所有变量间的相关系数都很小，则可能不适合进行因子分析。只有用于因子分析的变量间有较强的相关性，才满足因子分析的基本条件。

（3）选择因子分析方法

抽取因子的方法有主成分法、主轴因子法、极大似然法、最小二乘法等。其中，主成分法是提取因子时最常用的方法。这种方法假定变量是因子的线性组合，各个主成分之间互不相关且方差降序排列。主成分法要求用尽可能少的主成分来包含尽可能多的信息。

（4）确定因子个数

根据因子提取原则和标准提取出符合研究要求的因子。可以根据以往经验、变量共同度、方差贡献程度以及显著性检验等来确定因子个数。因子个数的确定应在简化变量的同时尽可能保留原来变量的信息。以主成分法为例，通常根据主成分的累积贡献率和特征值来确定因子个数。一般来说，主成分的累积贡献率应达到 80%～95%，因此我们可以据此决定需要提取多少个主成分。特征值在某种程度上可以看作表示主成分影响力度的指标，我们一般可以将特征值大于 1 作为纳入标准。在很多时候往往需要将二者结合起来，以确定合适的因子个数。

（5）旋转因子

经过上一步可以得到初始因子的载荷矩阵。为了更好地进行因子分析，接下来需要对因子载荷矩阵进行旋转，在不影响共同度和全部所能解释的方差比例的条件下，使某些变量在某个因子上的载荷较高，而在其他因子上的载荷显著较低，从而易于解释每个因子所代表的实际意义。最常用的因子载荷矩阵旋转方法是"方差最大正交旋转"，其旋转原则是使各因子保持正交状态，并且使各个因子的方差差异达到最大。

（6）解释因子

经过因子旋转后，可以发现原始变量只在某个因子上有较高的载荷，接下来对因子载荷较大的变量进行解释，并对因子进行命名。例如，在一项消费者行为习惯研究中，用 33 条语句来测量消费者的心理，对得到的数据进行因子分析，运用主成分法提取特征值大于 1 的因子，从原始的 33 个变量中提取 9 个因子，并进行因子旋转。然后根据各变量的归属情况，对 9 个因子进行解释和命名，比如第一个因子被命名为"流行因子"，第 2 个因子被命名"节俭因子"，第三个因子被命名为"广告因子"，等等。

（7）计算因子得分

因子模型是将变量表示为因子的线性组合：

$$x_i = \alpha_{i1}f_1 + \alpha_{i2}f_2 + \cdots + \alpha_{im}f_m \quad (i = 1, 2, \cdots, p)$$

由于因子能够反映原始变量的相关关系，用因子代表原始变量时，有时更有利于研究问题，因此往往需要反过来将因子表示为变量的线性组合，即：

$$F_j = \beta_{j1}x_1 + \beta_{j2}x_2 + \cdots + \beta_{jp}x_p \quad (j = 1, 2, \cdots, m)$$

根据以上因子得分函数就可以计算因子得分，因子得分就是每个样本数据在不同因子上的具体数值。有了因子得分，在后续的统计分析中就可以用因子得分代替原来的变量，将问题简化为对各因子得分变量的研究，从而达到降维的目的。

3．判别分析

判别分析是判断样本所属类型的多元统计分析方法。在市场研究、实际工作和生活中，经常会用到这种方法。例如，在经济研究中根据多种指标来判断企业的竞争力，在市场研究中根据调查数据来判断消费者所属的类型。

判别分析的基本原理是根据观测到的样本的若干变量值，判断样本所属的类型。具体而言，在已知某些样本对象类型和若干用于描述样本对象特征的变量值的基础上，根据某些准则，创建尽可能把属于不同类型的数据区分开来的判别函数，再利用该判别函数来判断样本对象所属的类别。在判别分析中，分类变量称为因变量，用来分类的其他特征变量称为判别变量或自变量。判别分析主要适用于因变量为定类变量、自变量为定距变量的情况。

判别分析的主要目的为：建立判别函数，即找出一个自变量的线性组合；检查不同组别之间是否存在显著差异；判断哪些自变量对组间差异的贡献较大；根据判别函数对个体进行分类。判别分析的基本模型是判别函数，它可以表示分组变量与满足假设条件的判别变量之间的线性关系，其表达式为：

$$D_i = b_0 + b_1 X_{1i} + b_2 X_{2i} + \cdots + b_k X_{ki}$$

其中，D_i 为第 i 个个体的判别得分（ $i = 1, 2, \cdots, n$ ），j 为判别系数，b_j 为第 j 个自变量的系数（ $j = 1, 2, \cdots, k$ ），X_{ji} 为第 i 个个体的第 j 个自变量的值。

判别分析在市场调查中常用于解决以下这类问题：商家的忠诚顾客和其他顾客在人口统计特征上有何差异，产品的重度使用者、中度使用者和轻度使用者在消费行为方面有哪些明显的差异，日常消费品的价格敏感者和非价格敏感者具有哪些心理特征上的差异，如何识别盈利潜力良好的顾客……绘制产品空间图，描述不同品牌在市场中的相应位置。

判别分析的一般步骤如图 9-5 所示。下面依次介绍每个步骤。

① 界定要研究的问题。首先明确研究目的、判别变量和自变量。判别变量即因变量，通常应为定类变量，如果是定距变量或定比变量，则需要转换为定类变量。比如，消费者关于某品牌的满意度得分为 1～7 分，我们可以将其转化为不满意（1～3 分）、中度满意（4～5 分）、非常满意（6～7 分），从而将定距变量转化为所需要的定类变量。

② 确定分析与验证样本。把样本分为两部分，一部分为分析样本，另一部分为验证样本。分析样本用于估计判别系数，验证样本用于判别函数的有效性。分析样本和验证样本的分布与

界定要研究的问题

↓

确定分析与验证样本

↓

估计判别系数

↓

检验判别系数

↓

解释判别系数

↓

检验判别分析效果

图 9-5　判别分析的一般步骤

总体分布应该是一致的。

③ 估计判别系数。利用分析样本估计判别函数的系数。由于判别准则不同，估计判别系数的方法有多种，常用的有距离判别、Fisher 判别和 Bayes 判别。

④ 检验判别系数。确定判别系数以后，需要对判别函数进行显著性检验。如果判别函数是不显著的，即各组的判别函数均值的差异不显著，则其结论也没有意义。

⑤ 解释判别系数。通过考察判别系数的大小来确定各个变量对因变量的影响程度，对因变量进行解释。

⑥ 检验判别分析效果。利用验证样本来检验判别分析效果，对判别函数的解释进行评估，确定样本是否可以通过判别函数进行较为正确的分类。

思考题

1. 描述统计分析的方法有哪些？

2. 集中趋势分析的常用指标有哪些？

3. 什么是交叉列联分析？交叉列联分析的优点是什么？

4. 相关分析和回归分析的联系和区别是什么？

5. 什么是聚类分析？聚类分析在市场调查中有哪些应用？

6. 什么是因子分析？阐述因子分析的具体步骤。

7. 什么是判别分析？判别分析在市场调查中有哪些应用？

第十章

市场调查报告

市场调查报告是市场调查工作成果的集中体现。撰写市场调查报告并展示调查结果，是市场调查活动的最后一步，也是市场调查过程中最重要的环节。市场调查报告一般以书面报告的形式将调查结果、结论、建议提交给企业管理者或调查项目委托者。一份高质量的市场调查报告是企业管理者做出决策的重要依据，能对企业的市场经营活动提供有效的指导，也是市场调查工作价值的体现。

一、市场调查报告的作用和类型

1. 市场调查报告的作用

市场调查活动是以企业在市场经营中遇到的问题为导向进行的信息收集活动，有明确的目的性和针对性。通过市场调查获得的有关产品、市场、消费者和竞争对手等方面的信息和调查结果，能够为企业制定营销策略提供必要的参考和建议。而市场调查报告是研究者将向企业管理者或调查委托者汇报调查成果并进行沟通的载体，也是衡量市场调查工作质量高低的重要指标。具体来说，市场调查报告的作用体现在以下几个方面。

① 描述和展示调查结果。市场调查报告主要通过书面形式对市场调查的结果进行表述、概括和总结。关于市场调查结果的描述和展示构成了市场调查报告的重要组成部分。市场调查报告关于调查结果的表述方式包括语言文字、统计图、统计表等，一般运用简洁明了的语言、直观生动的图表等来描述和展示调查结果。

② 提出结论，建议行动路线。市场调查报告中最为重要的部分是结论和建议，也是调查活动委托者最为关心的内容。市场调查报告提出的结论和建议建立在调查资料和数据的基础上，针对企业在市场经营中遇到的问题直接做出解释和回应，提出对策，建议行动步骤，对企业的经营活动具有指导作用。

③ 证明调查工作的可信度。市场调查报告的撰写和提交也是证明调查工作可信度的重要方式。市场调查报告一般需要对市场调查设计、调查过程、调查方法、数据收集过程、数据统计分析等做出必要的说明和解释，让读者了解市场调查结果是如何形成的，同时增加调查结果和结论建议的可信度。

④ 为企业管理者制定相关的管理策略提供依据。市场调查报告有助于企业管理者了解市场的实际情况，分析市场问题，制订市场营销管理计划。

2．市场调查报告的类型

市场调查报告是对市场调查的原始资料进行整理、分析、抽象和概括而形成的对市场经营活动具有指导作用的工作成果。市场调查的目的、内容和作用不同，市场调查报告的表现形式也有所不同。

按照市场调查内容的不同，市场调查报告可以分为商品情况调查报告、消费者情况调查报告、销售情况调查报告、市场竞争情况调查报告和市场环境情况调查报告等。商品情况调查报告主要反映消费者对某一类商品的质量、价格、包装、广告宣传、使用感受、售后服务等的评价，以及该类商品的市场占有率、市场覆盖率、市场走向等，比如《2020 年北京市电冰箱产品市场情况的调查》《国内精品咖啡市场状况的调查》。消费者情况调查报告主要反映购买某一种或某一类商品的消费者的详细情况，包括消费者的规模和分布情况，消费者的性别、年龄、教育程度等基本情况，消费者购买这种或这一类商品的频率、数量，消费者的购买习惯、购买动机，影响购买决策的因素等消费行为和心理方面的情况。销售情况调查报告主要反映某一种或某一类商品销售方面的详细情况，包括所调查商品在市场上的销售能力、影响销售的因素、销售渠道的通畅性、不同销售渠道的销售额和销售量、经营能力、市场占有率、不同销售和宣传方式的效果等。市场竞争情况调查报告主要反映企业的竞争对手及竞争性产品的情况，包括竞争对手的数量、各竞争对手的实力和水平，竞争对手的产品的质量、品种、优势特色，竞争对手的产品的价格、销售渠道、广告宣传、促销方式，竞争对手的产品的市场占有率和市场覆盖率等。

按照市场调查报告的侧重点，市场调查报告可以分为综合报告、专题报告、研究型报告、说明型报告等。综合报告的侧重点在于全面地反映整个调查活动的过程和结果，其内容包括：对调查目的、调查内容、调查方法、抽样、数据收集、数据分析方法等进行全面的说明；针对问卷中的内容逐项给出调查结果，并以图表的形式进行展示和分析；针对不同性别、年龄、文化程度的受访者，给出主要的统计分析结果；分析变量间的关联性，验证理论假设，提出主要观点；对各项调查结果进行总结，提出结论和建议。专题报告是针对某个问题或问题的某个方面专门撰写的调查报告。可以综合报告的内容为基础，从某个方面来撰写专题报告。比如，根据某产品的综合调查报告的内容，撰写针对不同细分市场的专题报告。研究型报告针对某个问题进行更为深入的分析和研究，学术性较强，一般需要上升到理论和观点的层面。说明型报告针对调查中的技术问题进行说明，以此来肯定调查结果的可靠性和调查过程的科学性，比如对调查中的抽样方法、调查方法、抽样误差的计算、数据处理方法等进行详细说明。说明型报告也叫技术报告。

二、市场调查报告的结构

市场调查报告一般分为开头介绍、主体内容和附录三大部分，每部分包含若干具体内容。

市场调查报告的一般结构如图 10-1 所示。

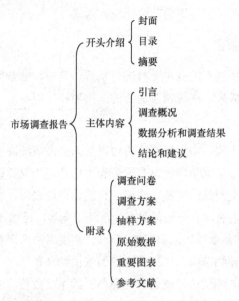

图 10-1　市场调查报告的一般结构

1. 开头介绍

开头介绍一般包括封面、目录和摘要。封面也称封皮，是市场调查报告的"脸面"，是读者对市场调查工作成果的第一印象。封面上的主要信息包括调查报告的标题、调查者、委托者、调查日期和时间等。其中，调查报告的标题是必不可少的重要内容，它概括了调查报告的主题，使读者能够在第一时间明确调查报告的主题思想。目录应列出调查报告各个部分的标题（一般包括一级标题和二级标题）和对应的页码，便于读者查阅感兴趣的内容。当调查报告的页数较多时，目录对于读者来说尤其重要。

摘要是对调查报告中重要内容和观点的提炼和概括，是调查报告的精华。摘要具有高度的概括性和浓缩性，一般通过较短的篇幅传达最重要的信息。读者通过阅读摘要可以大致了解调查报告的主要结论和核心观点，对于工作繁忙的企业管理者尤其是高层管理者来说，可以节省阅读报告全文所需花费的时间，提高工作效率。

2. 主体内容

主体内容即调查报告的正文，包括引言、调查概况、数据分析和调查结果、结论和建议等方面的内容。引言又称引导语，用于引出报告的正文。引言一般简要地介绍调查项目的背景，为正文的展开做好铺垫，使读者大致了解全文内容、调查目的、调查意义等。调查概况一般详细介绍调查方案的设计和调查项目的执行情况，包括调查时间、调查地点、调查对象与范围、调查方法等，以便读者了解调查过程和调查资料的收集方法等。数据分析和调查结果是调查报告的主干部分，在调查报告中占据重要地位。它是提出结论和建议的依据，一般对所收集的调查资料和数据进行分析、归纳和论证，提炼出调查结果和主要发现。结论和建议即报告的结尾，也是调查报告的重要内容。研究者根据调查结果分析问题，得出结论，提出解决问题的建议、对策和方案等，也可以展望前景。

3．附录

附录一般包括调查方案、抽样方案、调查问卷、原始数据等，是对调查报告正文的补充和说明。附录中也可以列出参考文献、背景资料等以及其他需要补充说明的问题，如样本选择的细节资料、调查实施的详细情况等。附录中的资料可能被读者用来判断调查方法的科学性和数据资料的可靠性，因此应提供尽量多的原始资料和研究细节。

三、市场调查报告的撰写

1．标题的撰写

市场调查报告的标题应该高度概括调查报告的主题思想，简明扼要，用词准确，同时具有吸引力。市场调查报告的标题有三种常用类型。

① 直陈式标题。直陈式标题的特点是简明、客观，直接陈述调查对象、调查内容和文体名称，如"当代大学生茶饮料消费状况调查""北京市居民旅游消费需求调查"等。直陈式标题的优点是内容简明、规范，便于查阅，有较高的实际应用价值。直陈式标题是调查报告写作中最常采用的标题类型。

② 观点式标题。观点式标题并不说明市场调查的相关要素，而是直接阐明作者的观点、看法，或对市场现象做出判断和评价，比如"家电业增长放缓，智能家电成破局关键"。观点式标题的优点是表明了作者的态度，揭示了主题，对读者有较大的吸引力。相对于直陈式标题，观点式标题的写作需要掌握一定的技巧，难度较大。

③ 提问式标题。提问式标题一般采用设问或反问的形式，突出问题焦点，引起读者的注意和思考，如"图书零售销量为何逆向增长"。提问式标题的写作关键在于发现并捕捉具有争议的市场现象或问题，加以提炼和浓缩，并选择恰当的提问方式进行呈现。

市场调查报告的标题按形式还可以分为单行标题和双行标题。单行标题直接陈述调查对象和内容，如"中国柚子产业发展形势及产业格局调查"；或直接揭示调查主题，如"冰箱市场整体节奏放缓"。双行标题由正标题和副标题组合而成，一般正标题揭示调查的主题或结论，副标题点明调查对象或补充说明调查的主要内容，如"图书零售销量为何逆向增长——图书市场零售情况调查"。

2．摘要的撰写

摘要是对市场调查报告全文的概括性介绍，目的是让读者快速了解报告的主要内容、主要结果和结论。由于篇幅有限，摘要应该对报告中最重要的内容进行高度概括和提炼。摘要的内容应该包括调查的目的、时间、地点、对象、范围、主要内容、所采用的方法、主要结果、重要结论等。摘要中可以分段介绍不同方面的内容，每段内容应尽量简明扼要，用词准确，不要出现重复、冗余信息。对于调查的主要发现、结论和建议，可以分条列出。

3．引言的撰写

引言是调查报告中引出正文的部分，是正文展开前的过渡和铺垫。引言一般简要地介绍调查的背景和目的，或概括调查报告的主要内容。引言的写法有开门见山、承上启下、引起注意、画龙点睛等多种形式，但一般要求紧扣主题，为正文的展开做好铺垫。常见的引言有以下几种。

① 介绍式引言。简单介绍调查的背景、目的、对象、时间、地点、方式等基本情况，为撰写调查报告的正文做铺垫。

② 概括式引言。对调查报告的内容做出概括性说明，包括调查的目的、对象、内容、结果和结论等，便于读者进一步详细了解调查报告正文中的相关内容。

③ 交代式引言。重点介绍和说明调查项目的背景、调查的由来等。例 10-1 是《高端家政服务市场需求调查报告》的引言部分，重点介绍了调查背景，交代了该项调查的由来。

例 10-1

随着社会经济的飞速发展，人们的生活水平逐渐提高，对于生活品质的要求也日渐提升。再加上"二孩"政策放开和人口老龄化趋势日益明显，家政服务需求量会越来越大。由于国内家政服务队伍学历普遍偏低，知识储备不足，而且普遍缺乏正规的培训，因此家政服务队伍存在服务不专业、职业道德素养低等问题。目前家政服务市场暴露出的各种问题说明家政行业亟待规范，家政服务水平亟待加强，家政服务队伍亟待专业化。很多比较富裕的家庭为了得到较高的服务，不惜高价雇佣不合法的菲佣。虽然有媒体报道中国打算在 5 个大城市放开菲佣的就业市场，并承诺给予这些菲佣高额的工资，但是这只能解决国内家政市场的燃眉之急，很难从根本上解决问题。

为了更好地开展高端家政培训工作，以便为北京市民源源不断地输送高素质、高水平、高效率、专业化的家政服务员，北京开放大学特别组建高端家政服务调研小组，对国内的高端家政服务市场进行了摸底调查。

此次调查采用问卷形式，发放微信版问卷，回收了 115 份问卷，全部为有效问卷。此外调查还结合了座谈、访谈和研讨等多种形式，以深入剖析家政服务市场存在的问题。本次调查的对象主要是北京市的中高收入家庭，占所有受访者的 77.39%，此外还包括 2.61%的上海市中高收入家庭和 6.09%的广州市中高收入家庭，以及 13.91%的其他城市的中高收入家庭。可以说，虽然这份问卷主要反映北京市的中高端家政服务市场需求，但在全国也具有一定的通用性。

（资源来源：史红改，杨波. 高端家政服务市场需求调查报告. 家庭服务[J]，2018.8.）

4．数据分析和调查结果的撰写

数据分析和调查结果是市场调查报告的主干和核心部分，也是提出结论和建议的依据。数据分析部分一般采用读者能够理解的语言来说明和描述所采用的数据统计分析方法。调查结果一般用统计图表来呈现，辅以文字说明。可以给出每道题的调查结果，并逐一对调查结果进行文字说明和解释。也可以按照细分市场或受访者的特征（如性别、年龄、收入、职业等）给出分类的结果，以及项目间的相关关系，并进行相应的文字说明和解释。调查结果的撰写重在呈现事实和结果，以此作为提出结论和建议的依据，在必要时还要对一些调查结果做出合理的分析。

调查结果的呈现和展示还应该有一个清晰的逻辑顺序，可以研究目的为指引来呈现结果，也可以按照调查结果的重要性来呈现。例 10-2 是《大学生茶饮料消费调查报告》的调查结果部分，该部分按照内容上的逻辑关系列出了大学生茶饮料消费在产品、品牌、广告、包装和价位等几个方面的实际情况。

例 10-2

（1）种类倾向

通过数据分析发现，大学生在选择饮料种类时，选择果汁饮料的比例最高，以 56.63% 排在第一位，矿泉水为 52.86%，乳制饮料为 47.3%，茶饮料为 43.54%。[①]这些数据一方面显示当前面向大学生这一消费群体的几种主要饮料的消费者认可度的差距不大，并且茶饮料不占优势；另一方面也说明茶饮料市场的完善还有很大的进步空间，企业只要抓住消费者真正的偏好和需求，做出适应市场的创新改变，就有机会在竞争中脱颖而出。

（2）品牌倾向

在众多茶饮料品牌中，康师傅仍是当之无愧的行业领跑者，以 87.07% 的数据优势领先于其他品牌，统一紧跟其后，为 85.27%。良好的口碑是维持稳定的市场份额的重要前提。品牌对消费者的选择有着决定性的作用，尤其是大学生消费者更加注重品牌，品牌知名度会影响他们对茶饮料的选择。康师傅和统一如今在大学生这一消费群体中拥有稳定的消费量，这得益于它们长期积累的口碑。

（3）口味倾向

传统茶饮料主要有绿茶和红茶。但是近年来消费需求不断变化，各大茶饮料品牌纷纷推出新型调味茶，茶饮料消费市场格局发生了巨大变化。针对市场上常见的茶饮料口味，我们进行了调查，发现在大学生茶饮料消费口味倾向中，传统的绿茶、红茶仍旧拥有绝对优势，占 92.14%。迎合年轻消费群体口味的康师傅花茶占 77.74%，果茶占 70.87%。此外，为迎合中国人传统饮茶习惯而推出的原叶系列茶饮料仅占 53.68%，在大学生消费群体中并没有产生意想之外的效果，处于一种略为尴尬的境地。

（4）保健功能

随着健康消费成为影响大学生消费的主流文化之后，大学生在饮料的选择上开始更多地考

---

① 此处所引用的文献中，这是一系列多选题，百分数加起来超过 100%。

虑健康、功效等因素。从调查中可以看出，虽然影响大学生茶饮料消费的首要因素仍是口味（占64.81%），但是营养健康已经超过方便快捷、价格实惠、时尚新颖等因素而上升到第二位，占55.32%。因此，营养健康成为茶饮料的一大卖点，很多企业以此为切入点，趁机扩大市场占有率。

（5）包装设计（略）

（6）广告宣传（略）

（7）价位设定（略）

（资料来源：吴向蕾. 当代大学生茶饮料消费状况调查报告. 现代交际[J]，2018.12.）

5. 结论和建议的撰写

结论和建议是市场调查报告中最重要的部分。结论是从调查结果中提炼出来的，是对所调查问题的解释和回答。建议是研究者根据调查结果和结论，向决策者提出的解决某一具体问题的方案和建议。

结论和建议的提出需要一定的依据，一般要与正文部分的论述紧密对应，要言之有物，不能是空泛的，没有事实依据。提出的建议应该合理、可行、实用，有助于管理者以此做出决策。市场调查报告的结论和建议一般可以从以下角度来撰写。

① 对报告全文进行总结和概括，深化调查的主题。

② 在对调查资料进行详细分析的基础上，得出结论，提出主要观点。例 10-3 为《高端家政服务市场需求调查报告》的结论部分，总结了目前中高端家政服务行业存在的几个突出问题。

③ 根据调查结果和结论，针对所研究的问题提出行动建议和解决方案。建议的提出应建立在调查和分析的基础上，要切实可行，能够解决企业所面临的问题。例 10-4 为《大学生茶饮料消费调查报告》的结论部分，提出了茶饮料企业未来发展的行动建议和解决方案。

④ 对相关领域的发展前景和发展趋势进行展望和预测。

例 10-3

（一）问题诊断

通过以上调查分析，我们认为目前中高端家政服务行业存在以下突出问题。

1. 家政服务市场的供需矛盾突出。市场需求较大，但是从事家政服务行业的人员较少，特别是高学历、高素质的专业型家政服务人员过少，不能满足市场需求。随着人口老龄化趋势日渐明显，老年护理的需求还会与日俱增。社会对儿童教育的重视以及"二孩"政策的放开都使得婴幼儿护理和教育成为家庭的头等大事。很多高收入家庭不仅雇佣负责家庭清洁和餐饮的低端服务人员，还专门雇佣照顾、辅导孩子的教育型服务人员和专门陪护老人的专业护理师。这使得家政服务的要求日渐提高，专业分工越来越细。

2. 家政服务人员的素养、职业道德、学历和技能水平普遍较低，不能满足中高收入家庭的需求。通过调查统计，我们能够看出 90%以上的中高收入家庭需要的家政服务人员的学历在高中以上，但是从事家政服务行业的人员的学历普遍在初中以下。目前从事家政服务行业的人员受教育时间短，绝大多数来自偏远和贫困的农村地区，没有接受专业家政技能培训和职业道德培训，因此他们的职业素养普遍较低，法律意识淡薄。随着生活水平的提高，人们对于生活质量的要求也日渐提高，因此对家政服务人员的技能要求也悄然发生了变化。过去雇主只需要家政服务人员负责洗衣、做饭、打扫卫生等，现在除了这些基本的家政工作外，家政服务人员还需要具备营养搭配、茶艺、调酒、婴幼儿抚育、儿童学习辅导、老年健康护理、服饰搭配收纳、插花工艺以及宠物饲养等方面的技能。这些技能不是一般的初高中毕业生、大学毕业生所能掌握的，而是需要经过专业学习才能具备的。但是，目前家政服务人员基本上处在洗衣、做饭和打扫卫生阶段，能够从事营养搭配、茶艺、调酒、婴幼儿抚育、儿童学习辅导和老年健康护理等工作的家政服务人员非常有限，远远不能满足市场需求。

3. 目前高端家政培训机构很少。（略）

4. 家政服务人员普遍缺乏规范化管理。（略）

5. 中高收入家庭寻找满意的家政服务人员的渠道有限。（略）

（二）优化建议

鉴于以上问题，我们提出如下合理化建议。

第一，国家可加强立法，从法律层面对家政服务人员进行约束。

第二，有关职能部门应该加紧推进家政服务行业的规范化和制度化建设。

第三，针对中高收入家庭对专业人才数量、技能、修养等的要求较高的特点，加大高端家政服务专业培训，特别是加强专业实践能力培训，努力培养出既有各种专业技能又有较高的职业道德素养甚至掌握中英双语的高端家政服务人员，以满足高收入家庭、外籍家庭和移民海外的华人家庭的需求。

第四，转变思想观念，将家政服务视为一种正当职业。

第五，将家政服务行业正规化。不仅要提高家政服务人员的工资待遇，同时要完善家政服务人员的养老保险、医疗保险、生育保险等各种社会保障，使得家政服务人员与其他行业的从业人员一样拥有双休日、节假日休息的权利，并给予家政服务人员足够的尊重、理解和肯定。

（资料来源：同例 10-1）

例 10-4

立足于当前茶饮料市场的发展现状，结合大学生茶饮料消费调查问卷分析，得出茶饮料企业应当关注以下两点。

一、集中力量单点突破，建立专家品牌。大学生在茶饮料消费中的品牌倾向尤其显著，企业应建立茶饮料品牌，突出专项优势，将品牌文化深入大学生的内心，从而达到引导大学生消费、扩大市场的目的。

二、深挖包装内涵，凸显传统饮茶文化。大学生在包装选择上不仅喜欢简约时尚，而且青睐传统文化。企业应该在选择具有时代性的趣味包装的同时，更加突出茶本身的文化特色。

此外，茶饮料的广告宣传也应与传统茶文化紧密结合，而不是千篇一律地利用明星效应，使广告宣传落入俗套。

（资料来源：同例 10-2）

6．撰写市场调查报告的注意事项

除了掌握市场调查报告的主要构成和各部分的写作方法，还应注意报告的针对性、时效性、客观性，以及报告撰写中的语言表述、数字和图表的运用等方面的问题。

（1）报告应具有针对性

调查活动是基于事先确定的调查目的而展开的，需要达到预期的效果和目的。市场调查报告提供的调查结果、结论和建议要紧扣调查目的，能够解决实际问题，有助于企业决策和指导企业的经营活动。市场调查报告的阅读对象一般为市场调查活动的委托者，比如企业的管理决策者，他们最关心的是调查结论和建议的指导性与有效性，同时也会考量得出结论的过程和采用的方法是否科学、合理。因此，撰写市场调查报告时应该始终围绕调查目的，考虑委托者对调查活动的实际需求，根据调查研究的问题和委托者的决策问题来组织材料，提供他们所需要的信息。

（2）报告应具有时效性

市场调查要解决的问题一般是企业经营管理中新出现的问题，这就要求市场调查报告能够基于企业当前面临的新问题和新情况，通过收集第一手资料提出具有时效性和创新性的解决方案，为企业的管理者做出决策提供有价值的信息，以应对市场的快速变化。

（3）报告内容应以事实为依据

市场调查报告的内容应该建立在事实的基础上，以大量真实可信的调查资料和数据为依据。市场调查往往遵循一定的程序和操作步骤，经过调查设计、数据收集和整理，采用科学的方法进行数据统计分析，最终得出准确、可靠的结论。撰写市场调查报告时应该遵循从事实出发的原则，内容应当真实准确，经得起检验。调查资料的收集和占有是撰写调查报告的前提和基础，也是调查报告的真实性和科学性的保证。以大量详细、全面的一手资料为基础，才有可能写出具有较高的权威性、可靠性的调查报告。

（4）语言表述严谨、简明、通俗

调查报告不仅要求内容真实、准确和客观，在语言表述上应该遵循严谨、简明和通俗的原则。为了使调查报告严谨、准确，在语言表述上尽量不用含糊的、不严谨的词语，比如可能、也许、大概等；在选择描述程度的词语时，要注意把握词语意思的差异，选择最为准确的词语。词语和语句应尽量简明扼要，用较少的文字表达较多的内容，避免不必要的重复。语言风格应当通俗易懂，在保持朴实的同时要生动形象，具有较强的感染力和说服力。

（5）恰当运用数字和图表

大量运用数字和图表是调查报告的主要特征。用数字说明问题简洁明了，有助于增强报告的说服力，但数字的运用要讲究技巧，准确、恰当。例如，调查报告中常常因为数字太大，不易于读者理解和记忆，此时可以改变单位，将大数字换算为小数字。这样不仅有助于读者记忆，表达也更加简洁明了。调查报告中的图表要力求直观、生动，容易理解。不同形式的图表各有其优点，我们应当根据调查的主题和目的选择恰当的图表。

（6）对存在的问题、局限性进行必要的说明和解释

报告的撰写应当实事求是，对存在的问题、局限性等进行必要的说明和解释。由于时间、预算、调研方法以及其他种种限制因素，任何市场调查都会存在局限性。调查报告需要指出市场调查中存在的局限性、资料收集过程中存在的问题等，并简要讨论这些问题可能对调查结果产生的影响，目的是使读者在阅读和使用调查结果时做出自己的评判。

四、市场调查结果的展示

1. 图表的作用

市场调查报告通常运用图表来展示调查结果。运用图表能将数据结果图形化，清晰、有效地传达信息。具体而言，市场调查报告中使用的图表具有以下几个方面的作用：可以将各种数据组合在一起，简明直观地呈现调查结果，方便读者阅读资料；有助于将复杂的信息简单化，将抽象的信息具体化，将难懂的信息或观点形象化，使读者更容易理解调查报告的主题和观点；通过对图表中的字体、颜色等进行设置，可以突出所传达信息的结构和主次关系，帮助读者更好地把握报告的重点内容；运用图表对信息进行视觉化的呈现符合读者的阅读习惯，更能体现研究者的专业形象。

2. 常用的统计图

市场调查报告中常用统计图来表示数量、地理位置等信息。下面主要介绍常用的表示数量的统计图，如饼状图、条形图、线形图、直方图、柱状图、散点图和雷达图等。

（1）饼状图

饼状图用于展示部分和整体的关系，可以反映构成整体的各个部分的数量及其所占的百分比。假设某产品调查中男性受访者占46%，女性受访者占54%，我们可用饼状图展示男性和女性受访者的数量及其占总体的比例。图10-2展示了2021年前三季度居民各项消费支出的数额及所占比例。饼状图的作用在于清楚、直观地展示部分与整体间的关系以及数量比例。

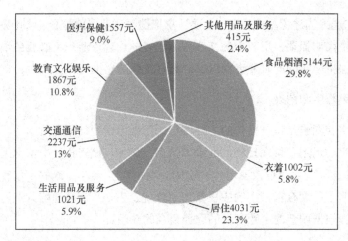

图 10-2　饼状图示例（来源：国家统计局《2021年前三季度居民收入和消费支出情况》）

（2）条形图

条形图以宽度相等的条形来表示统计数据，如图10-3所示。条形图中的条形可以是纵向的，也可以横向的。横向条形图所表示的数据既可以是绝对数，也可以是相对数和平均数。条形图可以用于同类事物的比较，也可以用于不同类事物的比较。图10-3用条形图来对比五个不同地区的人口出生率和死亡率，非常直观。

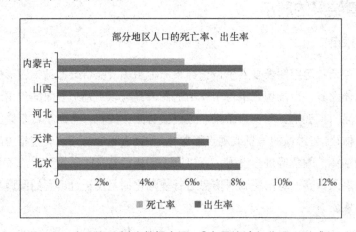

图 10-3　条形图示例（数据来源：《中国统计年鉴 2020 年》）

（3）线形图

线形图是用线条将一组数据点连接起来而形成的描述事物动态变化的图形，主要用于描述不同时间点上的数据变化和波动情况。通过条形图可以很直观地看出事物变化的趋势，从而做出简单的预测和推断。图10-4展示了2020年不同月份社会消费品零售总额的同比增速。

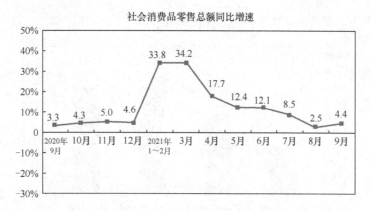

图 10-4　条形图示例（来源：国家统计局网站）

（4）直方图

直方图用一系列高度不等的纵向条纹或线段表示数据分布情况，能够精确地表示数据的分布情况，便于研究者判断数据总体的质量和分布情况。图 10-5 展示了某公司员工年龄的分布情况。

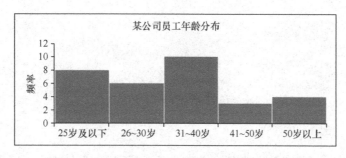

图 10-5　直方图示例

（5）柱状图

柱状图是以长方形的长度为变量的统计图，用一系列高度不等的纵向条纹表示数据分布情况。柱状图可用于展示各数据间的变化或各数据间的比较情况，柱状图和线形图往往可以结合使用，如图 10-6 所示。柱状图通常用于较少数据的分析展示，过多的数据会导致柱间空隙过小，影响数据的展示。柱状图也可以横向排列。

（6）散点图

散点图一般用于相关分析和回归分析，是数据点在平面直角坐标系上的分布图。散点图表示因变量随自变量变化的大致趋势，研究者可以据此选择合适的函数对数据点进行拟合。图 10-7 展示了知识付费产品消费额随人均月收入变化而变化的趋势。

（7）雷达图

雷达图用来显示对象在各种指标上的强弱程度，可以对多个对象在不同指标上的强弱程度进行综合比较。图 10-8 展示了北京、天津、河北、山西、内蒙古五个地区第一、第二、第三产业的法人单位数量。雷达图常用于企业经营状况的综合评价。

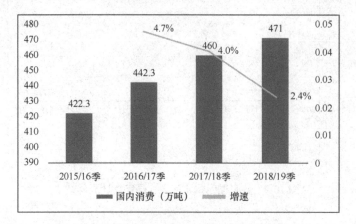

图 10-6　柱状图示例（来源：国家统计局网站）

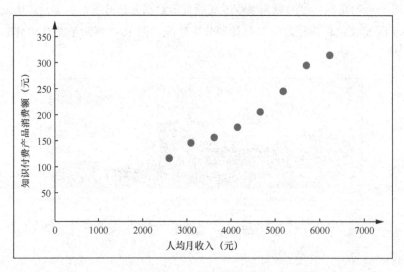

图 10-7　散点图示例

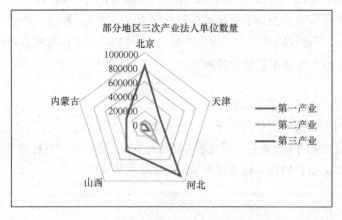

图 10-8　雷达图示例（数据来源：《中国统计年鉴 2020 年》）

3．制作图表时的注意事项

调查报告中使用图表的目的是更直观地展示调查结果，图表的形式、内容设计等都应为主题服务，不能喧宾夺主。一般来说，在制作和设计图表时要注意以下几点。

① 根据主题和目的选择恰当的图表类型。不同类型的图表有不同的作用，比如饼状图主要用于展示总体的构成及各部分所占的比例。

② 图表的主题应当突出，让人一目了然。调查报告中每一张图表都服务于特定的主题，为了使图表的主题突出，每张图表应有一个标题，标题要简明扼要、意思完整，并通过颜色和字体等加以突出显示。

③ 图表中信息的传达应简明扼要、清晰准确。应当将数据资料用简洁的形式表达出来，标记好图表中图标的意义和数量，标明有关栏目的名称和单位，以便清晰准确地传达信息。

④ 图表的设计形式应服务于主题和内容的传达。图表的颜色和线条、字体的显示要突出重点，有逻辑性；图形的表现要均衡，同时尽量将所有差异可视化。

⑤ 对于列入图表的资料，应注明来源，以便查对。

五、市场调查的口头报告

市场调查报告一般以书面形式提交，以口头形式汇报。书面报告和口头报告相辅相成。对调查委托者来说，书面报告的内容详尽，信息量大，有助于查阅和保存；口头报告更加生动，可以直接沟通，有助于调查委托者在较短的时间内快速理解和掌握报告的内容。

1．市场调查口头报告的优点

与书面报告相比，口头报告具有以下几个方面的优点。

① 口头报告效率高，所需时间短。报告者用较短的时间说明所研究的问题、得到的调查结果和结论等，调查委托者和管理者能够在较短的时间内快理解和掌握报告的内容。

② 口头报告直观生动，具有感染力。与采用书面语言相比，报告者采用口头语言陈述报告的内容，表达更加生动，更有感染力和说服力，能够给听众留下更加深刻的印象。

③ 口头报告的沟通和展示效果好。口头报告一般是面对面的陈述，同时借助一定的辅助工具，可以帮助听众更好地理解书面报告的内容。同时，报告者能与听众直接交流，解答听众的困惑和问题等，便于提升双方沟通的效果。

2．市场调查口头报告的要点

尽管口头报告和书面报告相比很有优势，但如果报告者不精心准备，掉以轻心，也有可能影响最终的报告效果。为了保证口头报告的效果，报告者需要注意以下要点。

（1）提前准备报告提纲

市场调查口头报告的关键在于做好充分的准备，尤其是对口头陈述的内容要事先做好规划和安排。对于要口头陈述的内容，报告者要提前拟定好提纲，确定要报告哪些方面的内容，哪些要重点阐述，哪些可以点到为止，报告风格是怎样的，等等。为了使报告内容适合特定的受众，报告者需要事先对听众的情况（包括听众的工作和教育背景等）有所了解和把握，推测听众的专业水平、关注点和兴趣点等，然后对报告内容进行适当的选择和安排，确定报告的风格。

（2）借助 PPT 进行文字和图表演示

在口头报告中运用一定的演示工具，可以增强口头报告的效果。目前口头报告时通常用 PPT 进行演示，展示相应的文字和图表。PPT 演示的作用有二：一方面展示要点，帮助听众梳理报告的内容结构；另一方面可以通过文字和图表对口头报告的内容进行展示和补充，加深听众对报告内容的理解。运用 PPT 时要注意保持页面简洁，不要过于花哨，不要包含过多的信息，以免引起受众的不适，增加理解和记忆的负担。另外，演示中的重要内容要突出展示，帮助受众聚焦于主题。

（3）借助多种辅助工具

除了运用 PPT 演示以外，还可以借助其他必要的辅助工具来提升口头报告的效果。其他辅助工具包括文字提要、视觉辅助工具、报告复印件等。为每位听众提供一份关于汇报流程和主要结论的文字提要，便于听众把握口头报告的进展和主要观点。提要中可以留出足够的空间，用于做记录和评述。利用投影机、幻灯机等视觉辅助工具，以及其他现代化的视觉展示工具和软件，可以提升口头报告的展示效果。提供报告的复印件，便于听众查阅自己感兴趣的内容和相关数据，这些细节可能在口头报告中被省略。

（4）注意语言表达和眼神交流

口头报告时，报告者还需要注意口头表达所使用的语言，力求简洁、通俗，有说服力和感染力。一方面使用简洁、精炼的语言进行表达，没有多余的废话；另一方面尽量使用听众能够理解的语言，通俗易懂，具有趣味性和说服力。缺乏经验的报告者可以在报告前进行适当的练习，并以身边的人为对象进行模拟，确保报告时听众能够理解和接受所报告的内容。除了语言交流，报告过程中与听众保持眼神交流也很重要。报告者在报告时要与听众保持目光接触，从听众的目光和反应中判断他们对报告内容的理解程度和兴趣，并根据听众的反应对报告内容和方式进行适当的调整。除了表情和目光交流外，还可以与现场听众进行必要的语言交流。

（5）合理控制报告时间

由于口头报告有一定的时间限制，要在规定的时间内完成，报告者需要合理地控制报告时间，掌握好口头报告的节奏，按照重要性分配各部分内容的报告时间。在口头报告时不可避免地会略过一些细节和得出结论、观点的具体过程，从而使听众产生一些疑问。为了使听众能够充分地理解报告的主要观点和结论，最好在报告的最后留出一些时间用于回答听众的提问，提升口头报告的效果。

思考题

1. 市场调查报告的作用是什么?

2. 市场调查报告的特点是什么?

3. 市场调查报告包括哪些部分?

4. 市场调查报告中结论和建议的撰写一般从哪些方面着手?

5. 市场调查口头报告的成功要素有哪些?

第十一章

顾客满意度调查

在供过于求的买方市场条件下，市场竞争日益激烈，顾客成为企业最重要的资源。越来越多的企业管理者意识到企业竞争的核心优势正在从产品和技术走向消费者和客户。制定让顾客满意的经营策略，以顾客满意度为经营方针，提升顾客的满意度和忠诚度，成为现代企业实现可持续发展的必由之路。在此背景下，近年来顾客满意度调查发展迅速，成为企业应用最广泛的市场调查技术。

一、顾客满意度调查的特点和作用

1. 顾客满意度调查的相关概念

"顾客满意"的概念产生于 20 世纪 80 年代初，最早由美国的一家市场调查公司（J. D. Power）在实施汽车行业顾客满意度调查时提出，随后引起了行业和学术界的极大关注。《顾客满意度测量手册》认为，顾客满意是指顾客认为供应商提供的产品或服务已达到或超过自己的预期的一种感受。相关国际标准对顾客满意所做的解释为：顾客满意是指顾客对其要求已被满足的程度的感受。综合相关学者的观点，我们可以认为顾客满意是指顾客对某种产品或服务超过其期望的一种心理感受和心理状态。顾客满意是一种心理状态，是顾客在消费过程中的一种主观感受，一种自我体验和自我感知。企业通常关注的是顾客购买之后是否觉得满意。这取决于产品或服务的实际效果与消费者预期的对比，如果产品或服务达到了顾客的预期，顾客就会满意；否则，顾客就不满意。

顾客满意度，即顾客对产品或服务满意的程度，也可以理解为顾客对产品或服务的满意状态。顾客满意度与顾客满意的区别在于，前者侧重于程度，后者侧重于感受。二者的联系在于企业需要定期、全面、科学、客观地对顾客满意度进行监测，以达成客户满意。

顾客满意度调查又称消费者满意度调查，用于测量顾客对产品或服务的满意水平，找出影响顾客满意度的关键因素，从而帮助企业设立改进目标，调整运营策略，以提高顾客满意度和忠诚度。它是近年来发展最快、应用最广泛的市场调查技术。

2．顾客满意度调查的特点

顾客满意度调查就是测量顾客满意度的过程，应坚持以顾客为中心的理念。具体来说，顾客满意度调查具有以下特点。

（1）以顾客为关注焦点

顾客满意度调查是对顾客的满意状态或心理感受进行测评。从本质上说，顾客满意度调查关注的是顾客潜在的价值需求。

顾客满意度调查不仅关注顾客对产品或服务质量的感知和评价（比如顾客对产品包装、售后服务、企业形象等方面的满意度评价），还重视所有与顾客的接触点有关的体验因素（比如顾客的价值感知、顾客对产品的感觉、顾客在购买过程中的体验）。顾客满意度调查是从顾客的角度出发，全面考虑影响顾客在购买和消费过程中的满意度的因素，是以顾客第一的理念为指导来展开调查的。

（2）需要进行定期、定量的测评

顾客满意度形成后并非一成不变，它会随着时间的推移、技术的进步、整体环境的变化、企业优势的变化等发生变化。由于顾客满意度是动态变化的，我们要掌握顾客满意度的变化情况，就需要对顾客满意度进行定期、定量、全面的测评，利用调查问卷和满意度量表等测量工具，获得衡量顾客满意度的评价指标，从而设定目标，制定相应的满意度策略，提升顾客满意度，改善企业的经营状况。

为了把顾客满意度维持在一个既定的水平上，企业需要定期、全面、持续地监测顾客满意度，及时、准确地反映顾客需求和评价的变化，并做出正确的应变；否则，顾客满意度下降会导致顾客流失，企业利润下降。

（3）经营管理主导

随着顾客满意理念的进一步推广和普及，不少企业将提升顾客满意度作为经营方针和战略，进行定期、定量、持续的满意度调查。满意度调查不仅服务于企业的各种短期经营目标（比如改进产品和服务、弥补短板等），而且作为有效的服务管理工具越来越受到企业管理者的重视。以满意度调查为核心进行服务管理，有助于企业建立服务管理体系，了解服务现状，发现服务短板，评价服务绩效，促进服务水平提升。为了真正实现企业的满意度战略，需要以经营管理为主导，企业的生产部、供应部、销售部等部门以及员工一同参与，共同推进满意度调查。

3．顾客满意度调查的作用

企业通过顾客满意度调查可以找到影响顾客满意度的关键因素，以此设立目标，提升顾客满意度和忠诚度，企业管理者应根据顾客的意见调整企业的经营策略，改进产品和服务，提高企业的竞争力。具体而言，顾客满意度调查对于企业经营的作用体现在以下几个方面。

（1）帮助企业调整经营方向和战略，提高经营效益

通过顾客满意度调查了解顾客对产品、服务、企业、竞争对手等方面的评价和需求，可以使企业管理者意识到顾客的主导地位，确立顾客满意的经营理念和经营战略，从顾客的角度出发调整企业的经营方向，从而提高企业的经营效益。

（2）帮助企业找到利润增长点

顾客满意度高表明企业的产品和服务是令顾客满意的，意味着企业的收入和利润会相应地增长，企业在市场竞争中是有优势的；反之，顾客满意度低表明企业的产品和服务存在令顾客不满意的地方，意味着顾客可能流失，企业的利润可能下降，企业在市场竞争中处于不利地位。因此，通过满意度调查可以帮助企业发现和预测顾客需求，为企业开发新产品提供思路，找到利润增长点。正如菲利普·科特勒所言："顾客满意度是公司未来利润的最好指示器和增长点。"

（3）帮助企业改进产品和服务，减少顾客流失

通过顾客满意度调查分析顾客满意度，可以使企业发现自己在经营管理中存在的各种问题和影响顾客满意度的主要因素，尤其是企业的产品和服务存在的问题，从而有针对性地改进产品和服务质量，采取相应的策略来减少顾客流失，提升顾客忠诚度。

（4）推动产品创新，增强企业的竞争力

顾客满意度调查不仅可以帮助企业发现和预测顾客需求，为企业开发新产品提供思路；而且可以发现企业在产品、服务和管理等方面存在的问题，推动企业不断改进产品和服务，改善经营管理。顾客满意度调查还可以帮助企业判断自己在市场中的竞争地位，制定更有效的竞争策略。这些都有助于企业产品的创新和持续改进，有助于推动企业创新机制的形成，有助于企业形成良好的创新氛围，从而提升竞争能力。

二、顾客满意度调查的内容和满意度测评

1．顾客满意度调查的内容

顾客满意度调查可分为顾客感受调查和市场地位调查两部分。顾客感受调查只针对企业自己的顾客，操作简便，主要测量顾客对产品或服务的满意程度，比较企业表现与顾客预期之间的差距，为基本措施的改进提供依据。比如，为了应对线上线下零售业的激烈竞争，沃尔玛超市需要留住老客户，吸引新客户，提高核心竞争力。为此，沃尔玛超市开展了顾客满意度调查，从产品、服务、购物环境等方面了解顾客的需求和满意度现状，发现存在的问题，从而提出相应的改进措施。市场地位调查涉及所有产品或服务的消费者，对企业形象的考察更加客观。在调查中，不仅要问顾客对企业的看法，还要问他们对同行业竞争对手的看法。这里以某地区商业银行的顾客满意度调查为例进行介绍。为了帮助银行提供高质量的金融产品和服务，赢得客户，提升核心竞争力，调研机构构建了衡量商业银行顾客满意度的指标体系，并面向该地区中小企业的从业人员开展商业银行金融服务满意度调查，通过计算各项指标的顾客满意度得分，

得到了该地区各商业银行金融服务的满意度排名。比起顾客感受调查，市场地位调查不仅能确定各企业经营状况的排名，还能考察影响顾客满意度的每一个因素，确定企业和竞争对手的优劣，从而帮助企业采取措施扩大市场份额。

顾客满意度调查的关注点随着企业在不同阶段的经营发展需求而不断变化。第一代顾客满意度调查主要作为服务质量的测评工具，关注对服务过程的调查，检查工作人员是否按服务规范进行操作，通过服务规范的落实检查，将调查数据作为考核依据。第二代顾客满意度调查是感知质量调查，以顾客对感知质量的评价作为评价服务质量的标准。第三代顾客满意度调查不仅关注顾客感知质量，还关注品牌形象、用户预期、价值感知等影响因素，更完整地揭示了顾客满意度的影响因素。第四代顾客满意度调查以提升顾客不满意的方面为关注点。第五代顾客满意度调查以改进短板为关注点。第六代顾客满意度调查用于优化资源配置，确定资源投入边界。第七代顾客满意度调查主要分析差异化服务需求，以满足不同客户群体的需求、提供差异化服务为目标。第九代顾客满意度调查从顾客满意升级为用户体验，以提升用户体验为目标。第十代顾客满意度调查以服务管理为目标，将调查作为服务管理工具，建立服务管理体系。可见，每一代顾客满意度调查分别针对企业某一特定的经营需求，以解决特定的问题为目的，采用相关的调研技术，围绕不同的关注点来确定调查内容。

2. 顾客满意度测评

顾客满意度是顾客的一种主观感知活动的结果，具有主观性，但我们可以对其进行量化，用数字衡量其高低程度，从而帮助企业制定相应的顾客满意度策略，提升顾客满意度，增强企业的竞争力。顾客满意度还具有动态性。前文讲过，企业为了将顾客满意度维持在一定的水平，就需要对顾客满意度进行持续的监测，及时、准确地把握顾客满意度的发展变化，并做出应变。企业对顾客满意度进行持续测评，还可以测定企业经营管理水平的变化，分析企业与竞争对手之间的差距，了解顾客的想法，发现潜在需求，调整企业的经营战略和经营方向，提升企业的营利能力和市场竞争力。

企业通过持续的顾客满意度测评，建立顾客满意度测评指标，找到影响顾客满意度的关键因素，以此设立目标，提高顾客满意度和顾客忠诚度。顾客满意度的测评指标主要有顾客满意度级度、顾客满意率、顾客满意度指数和净推荐指数等。

（1）顾客满意度级度

顾客满意度级度是指顾客在消费相应的产品或服务之后所产生的满足状态等次。对顾客满意度进行评价时，首先需要对顾客满意这种心理状态进行界定。顾客满意是顾客对产品和服务的一种主观感受和心理体验。心理学家认为情感体验可以按梯级理论划分为若干层次，相应地可以把顾客满意度分成 7 个级度或 5 个级度。7 个级度为很不满意、不满意、不太满意、一般、较满意、满意和很满意，5 个级度为很不满意、不满意、一般、满意和很满意。

采用五级度法测量顾客满意度最为常见。实际操作时，可以分别为每个级度赋予一个分值，5 个等级分别为：非常满意，5 分；满意，4 分；一般，3 分；不满意，2 分；非常不满意，1 分。

按照所收集的用户评价计算顾客满意度得分，得分高代表顾客满意度高，得分低代表顾客满意度低。

顾客满意度级度也可以用外在表征来描述。以七级度法为例，每个等级的外在表征及其具体描述如下。

① 很不满意：外在表征为愤慨、恼怒、投诉、反宣传，具体表现为顾客在消费了某种商品或服务之后感到愤慨，恼羞成怒，难以容忍，不仅企图找机会投诉，而且会利用一切机会进行反宣传，以发泄心中的不快。

② 不满意：外在表征为气恼、烦恼，具体表现为顾客在消费了某种商品或服务之后感到气愤，产生烦恼，但对此尚可容忍，希望通过一定方式得到弥补，在适当的时候也会进行反宣传，提醒其他人不要购买同样的产品或服务。

③ 不太满意：外在表征为抱怨、遗憾，具体表现为顾客在消费了某种产品或服务之后产生抱怨，心存不满，但往往将就了事。

④ 一般：外在表征为无明显的正、负面情绪，具体表现为顾客在消费了某种产品或服务之后感到无所谓好或差，还算过得去或凑合。

⑤ 较满意：外在表征为好感、肯定、赞许，具体表现为顾客在消费了某种产品或服务之后产生好感，给予肯定、赞许。顾客虽不完全感到满意，产品或服务与自身要求还有一些差距，但比上不足，比下有余。

⑥ 满意：外在表征为称心、赞扬、愉快，具体表现为顾客在消费了某种产品或服务之后感到称心、愉快，不仅对对自己的选择给与肯定，还愿意向他人推荐。

⑦ 非常满意：外在表征为激动、惊喜、满足、感谢，具体表现为顾客在消费了某种产品或服务之后感到激动、惊喜、满足，心存感激。顾客不仅对自己的选择给予完全肯定，还积极向他人推荐。

（2）顾客满意率

顾客满意率也是用来测评顾客满意度的一种工具。顾客满意率是指在一定数量的目标顾客中表示满意的顾客所占的百分比。顾客满意率的计算公式为：$CSR = S/C \times 100\%$，其中 CSR 代表顾客满意率，C 代表目标顾客数量，S 代表目标顾客中表示满意的顾客数量。用顾客满意率测评顾客满意度，虽然计算简单，但只能测量顾客满意或不满意的结果。顾客满意率的计算结果是百分比，因而不能进行同价比较，不能完整、准确地描述顾客满意度。

（3）顾客满意度指数

顾客满意度指数是一种用特定的模型测量出来的关于某种产品或服务的用户满意度指标。顾客满意度指数完全从顾客的角度测评一个企业、一个行业、一个产业乃至整个国家的经济运行质量，是全面、综合地度量顾客满意度的一种指标。

美国于 1994 年建立了美国顾客满意度指数（American customer satisfaction barometer, ACSI），对其他国家满意度指数的建立影响深远。该指数涵盖了非耐用消费品、耐用消费品、交通/通信/公用事业、商业、金融/保险、服务业、公共管理/政府 7 个主要领域，涉及 200 多个企业。该指数以顾客为基础，用于评估、提升商业、工业、经济实体以及国民经济总体的绩效。美国顾客满意度指数的指标体系包括以下四个层次：①顾客对国内销售的所有产品或服务的整体满意度；②各个经济部门的满意度指数；③部门内各个行业的满意度指数；④行业内具体企事业单位的满意度指数。

美国顾客满意度指数模型是基于具有广泛代表性的顾客满意度理论建立起来的，认为顾客满意度与顾客购买产品或服务前的期望和购买后的感受有密切的关系，并且顾客满意度的高低会导致两种基本结果——顾客抱怨和顾客忠诚。具体来说，顾客在购买和使用产品或服务的经历中会对产品或服务的质量和价值产生实际感知，并将这种感知同购买或使用前的期望值进行比较，由此产生的感受和体验决定了其满意度。顾客满意度低时，顾客会产生抱怨，甚至投诉；而顾客满意度高就会提高顾客的忠诚度。如果重视并妥善处理顾客的投诉，化解顾客的怨气，同样可以提高顾客的忠诚度。这个模型共设置有 6 个结构变量，其中顾客满意度是目标变量，预期质量、感知质量和感知价值是顾客满意度的原因变量，顾客抱怨和顾客忠诚则是顾客满意度的结果变量。该模型中 6 个结构变量的选取是以顾客行为理论为基础的，每个结构变量又包含一个或多个观测变量，而观测变量则是通过实际调查收集数据得到的。

相对于其他满意度测评工具，顾客满意度指数是对顾客满意度测量的改进和深化，更能准确、完整、真实地反映顾客满意度。目前，瑞典、美国、欧盟和韩国等都已经建立了顾客满意度指数，我国也逐步构建了有中国特色的顾客满意度指数（China customer satisfaction index，CCSI）。

（4）净推荐指数

净推荐指数（net promote score，NPS）就是用推荐者占比减去贬损者占比所得到的差额，即净推荐值 NPS=(推荐者数量/总样本数)×100%–(贬损者数量/总样本数)×100%。具体计算方法为：首先让顾客对其愿意推荐某种产品或服务的程度进行打分，分值为 0～10 分；然后分别设定推荐者、贬损者和被动者的打分值，比如推荐者的打分值为 9～10 分，贬损者的打分值为 0～6 分，被动者的打分值为 7～8 分；最后根据顾客的打分情况，按照公式计算净推荐值。NPS 的取值范围为–100%～100%。一般来说，NPS 值在 50%以上的企业被认为是不错的。如果 NPS 值为 70%～80%，则说明该企业拥有一批高忠诚度的口碑客户。调查显示，大部分企业的 NPS 值为 5%～10%。

净推荐指数首先作为一个客户满意度衡量指标存在，直接反映了顾客对企业的忠诚度。该指标的取值与现有客户和现有客户扩散的准客户的比例有关，这个比例可以直接反映顾客内心的认可程度和购买意愿。在一定程度上，我们可以据此看到企业在当前和未来的一段时间内的发展趋势和持续营利能力。所以，净推荐指数在企业业务预测、价值评估和内部考核等方面都可以得到很好的应用。

补充资料 11-1

盖洛特调查公司的顾客满意度指标体系

盖洛特调查公司专注于通信、金融、快速消费品、汽车、广告营销等行业，在全国范围内为客户提供大规模的市场调查和研究服务。盖洛特公司认为，在建立顾客满意度指标体系时必须遵循下列四大原则。

① 建立的顾客满意度测评指标体系必须是顾客认为重要的。"由顾客来确定测评指标体系"是建立测评指标体系时最基本的要求。要准确把握顾客的需求，选择顾客认为最关键的测评指标。

② 测评指标必须能够控制。顾客满意度测评会使顾客产生新的期望，促使企业采取改进措施。但是，如果企业在某一领域无条件或无能力采取行动加以改进，则应暂不采用这方面的测评指标。

③ 测评指标必须是可测量的。顾客满意度测评的结果是一个量化的值，因此设定的测评指标必须是可以进行统计、计算和分析的。

④ 建立顾客满意度测评指标体系时还需要考虑与竞争者的比较，考虑到竞争者的特征。

盖洛特调查公司将顾客满意度指标体系分为四层，第一层为满意度一级指标，第二层为满意度二级指标，第三层为满意度三级指标，第四层为满意度四级指标，形成由一级指标往下层层细分、逐级展开的指标体系结构，如图 11-1 所示。

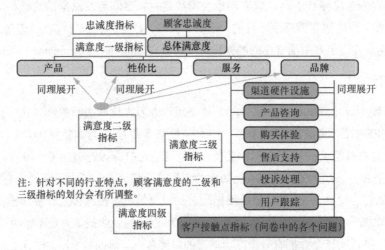

图 11-1　盖洛特调查公司的顾客满意度指标体系

三、顾客满意度调查的常用方法

研究顾客满意度的主要方法是定性调研和定量调研相结合。在顾客满意度研究中，定性调研主要用于顾客满意度指标体系的建立，比如通过焦点小组访谈对各个指标进行评价和重要性排序，对顾客的意见进行定性分析，找出顾客满意或不满意的原因。定量调研主要采用问卷调查的方式测量和收集顾客对产品或服务的满意度，并对顾客满意度进行定量分析，找出影响顾客满意度的因素，制定相应的顾客满意度策略，以提升顾客对产品或服务的满意度。常用的满意度调查方法包括投诉和建议制度、问卷调查法、佯装购物法和流失顾客分析法。

1. 投诉和建议制度

企业通过建立便捷的顾客投诉建议系统来收集顾客对自己的产品和服务的反馈意见与建议，是了解顾客满意度的一种常用方法。目前，很多企业都建立了客服热线、电话回访、线上客服等渠道，方便顾客随时随地反馈意见和建议。通过定期收集顾客的投诉意见和建议，企业可以及时了解顾客对产品和服务的满意程度，从而对顾客提出的问题做出快速的应对，改进产品和服务，提升顾客满意度。3M 公司是一家以致力于产品创新而著称的企业，该企业声称关于产品改进的想法中三分之二以上来自顾客的意见。

2. 问卷调查法

仅有投诉和建议制度还无法全面了解顾客满意度。某商场进行的一项调查表明，当顾客对劣质服务不满意时，70%的顾客会去别处购买，39%的顾客认为投诉太麻烦，24%的顾客会告诉身边的人不要去该商场购物，17%的顾客会写信投诉，9%的顾客会因为服务不满意而责备销售员。可见，当遇到服务不满意的情况时，仅有少数顾客会去投诉。因此，企业仅有投诉和建议制度时无法全面地了解顾客满意度，还需要开展定期的调查来获得顾客满意度的直接衡量指标，全面地掌握顾客的情况。

采用问卷调查法来调查顾客满意度，就是向顾客发放调查问卷，直接收集顾客对企业的产品或服务的意见和建议，一般通过专门设计的顾客满意度量表来收集顾客的意见和衡量顾客满意度。利用问卷或满意度量表测量顾客满意度，可以获得顾客满意度的直接衡量指标，比如根据顾客对企业产品的质量、功能、价格、售后服务等各个因素的满意程度进行评价和打分，得到各个因素的顾客满意度。在具体实施时，可以采用电话调查、面访调查、邮寄调查等不同方式，调查人员按照问卷或量表中设计的问题询问顾客对企业的产品或服务的满意程度。在设计满意度调查问卷或量表时，研究者应列出所有可能影响顾客满意度的因素，选出企业最关心的因素，让受访者判断这些影响因素的重要性。请受访者对所选择的因素的满意程度进行评价，一般用五级量表进行评价，分为高度满意、一般满意、无意见、有些不满意、极不满意 5 个等级。

3. 佯装购物法

佯装购物法又称为神秘顾客法，也是调查顾客满意度的一种方法，通过非正式的、非公开的信息渠道收集顾客的意见。调查人员或企业管理人员通过假扮顾客的方式，体验顾客购买某种产品的经历，发现顾客在购买该种产品和竞争对手的产品的过程中感到满意和不满意的地方。神秘顾客有时还可以故意找一些麻烦或打电话抱怨，以考察销售人员在面对顾客提出的问题时能否有效地进行处理，从顾客的角度检测企业提供的产品或服务能否令人满意。泰康保险公司的管理者经常假扮顾客打电话，检测保险销售人员是否会对顾客进行劝诱式销售或代顾客签字等。

4. 流失顾客分析法

顾客流失情况反映了顾客对企业的产品或服务的满意程度。顾客流失往往是由企业的产品质量不佳、价格太高、服务质量下降等方面的因素造成的。企业通过和流失的顾客接触，了解顾客停止购买或转向竞争对手购买产品的原因是什么，分析顾客流失的原因，针对具体原因采取应变措施，改进产品和服务，降低顾客流失率。很多成功的企业都非常重视流失顾客分析。IBM 每流失一个顾客都会进行流失顾客分析，尽量找出顾客流失的具体原因，根据顾客流失的原因考虑是否应该改进相关的产品或服务。

四、顾客满意度调查的应用现状和发展趋势

1. 顾客满意度调查的应用现状

"顾客满意"的概念于 20 世纪 80 年代初提出后作为一种经营战略引起了行业和学术界的极大关注。当时美国电话电报公司（AT&T）为了在日趋恶劣的市场环境中使自己处于有利的竞争地位，开始尝试应用顾客满意战略，了解顾客对其所提供的服务的满意状况，以此作为改善服务质量的依据并取得了一定的效果。随后，顾客满意战略被日本本田、日产等汽车公司导入和应用，作为了解顾客情况的一种手段，并且进一步完善了这种经营战略。在 20 世纪 80 年代中期，美国政府建立了"马尔科姆·鲍德里奇国家质量奖"（Malcolm Baldrige National Quality Award），大大推动了"顾客满意"的发展。顾客满意度调查也开始在全世界范围内推行并逐渐普及。

在买方市场条件下，随着市场竞争日益激烈，消费者的需求日益个性化和多样化，顾客满意度成为企业竞争的核心优势。目前，国外企业普遍意识到了顾客满意度的重要作用，将提高顾客满意度作为经营目标，把经营重心调整到顾客满意上，实施了顾客满意度调查实践并取得了良好的经济效益。施乐公司的"全面满意"策略和汉堡王公司的"品牌传递指数"都是顾客满意度调查的具体应用。菲利普科特勒在《市场营销管理》一书中提出："企业的整个经营活动都要以顾客满意度为指针，要从顾客角度，用顾客的观点而非企业自身利益的观点来分析、考虑消费者的需求。"

随着顾客满意度调查的广泛推行，顾客满意度指数也在西方各国建立起来。瑞典是世界上第一个全面推行顾客满意度指数的国家。1989 年，瑞典建立了瑞典顾客满意度指数（SCSB），覆盖全国 31 个行业。德国于 1992 年建立了德国顾客满意度指数（DK）。1994 年，美国建成了行业覆盖面最广的顾客满意度指数体系（ACSI），对其他国家顾客满意度指数的构建产生了深远的影响。2000 年，欧盟建立了欧盟顾客满意度指数模型（ECSI）。目前，国外理论界和学术界关于顾客满意度的研究涉及顾客满意度的调查、测量、评价、提高、改进、监控和管理等方面。

顾客满意度调查于 20 世纪 90 年代中期开始在国内的跨国公司中得到迅速而广泛的应用。这些跨国公司一方面为了应对全球化进程中的挑战，要求定期获得中国市场的顾客信息，以在激烈的市场竞争中保持竞争优势；另一方面需要通过来自顾客的评价对员工的工作绩效进行量

化评估。除了跨国公司以外，自 20 世纪 90 年代中后期开展"全国用户满意工程"以来，国内的一大批优秀企业（如海尔、海信、长虹等）在顾客满意度调查方面进行了积极探索和实践，并取得了较好的成效。

随着"以顾客为中心"的理念逐步确立，国内企业逐渐意识到了顾客满意的重要性。一些企业将提高顾客满意度和忠诚度作为经营目标，以便在市场竞争中站稳脚跟。目前，顾客满意度调查在我国的应用非常广泛，如零售、金融、餐饮、快速消费品、汽车、通信等行业。近年来，一些新出现的产品和服务模式也采用顾客满意度调查来预测顾客的需求，提升服务质量。比如，外卖平台、跨境电商、在线教育等行业都通过顾客满意度调查来提升产品和服务质量。此外，政府部门的公众满意度调查也在探索和实践中。一些研究机构和企业合作开展了顾客满意度指数研究，有中国特色的顾客满意度指数体系初步建立。顾客满意度研究也日益受到国内理论界的重视，成为目前国内经济领域中热门而前沿的研究课题之一。

2．顾客满意度调查的发展趋势

随着顾客满意度调查的不断发展，其外延也在逐渐扩大。传统的顾客满意度调查主要关注顾客关于产品和服务质量的评价，后来更多地从顾客的角度考虑影响顾客满意度的更深层次的因素，关注顾客的价值感知、消费过程中的体验等。顾客满意度调查主要体现出以下几个方面的发展趋势。

（1）从以产品为中心到以客户为中心

早期的顾客满意度调查更多地从产品或服务的角度来考虑顾客的评价和需求，侧重于对顾客购买产品或服务之后的综合满意度进行测量，主要围绕产品或服务来展开调查（比如顾客对产品、包装、售后服务等方面的评价），目的是改进产品或服务，提升顾客满意度。

后来，顾客满意度调查的关注点逐渐从企业的产品和服务转向客户，从以产品为中心发展到以客户为中心，围绕产品或服务将带给顾客什么样的感觉、什么样的情感体验等来开展调查，目的是真正理解顾客更高层次的需求，提升顾客满意度和忠诚度。

（2）从注重结果到注重过程

传统的顾客满意度调查多关注结果，体现的是顾客购买和消费产品后是否满意这一结果。今后的顾客满意度调查将更多地关注过程，尤其是用户体验过程，体现的是对顾客购买和消费过程的分析，通过提升顾客在各个接触点上的体验来提高顾客的价值。顾客满意度调查不仅要在"事后"（即顾客购买产品后）对顾客是否满意进行综合评价，还要在"事中"对顾客购买过程中的各个接触点上的体验因素进行测量，关注顾客在购买过程中的情感体验和心理感觉。例如，应关注顾客在购买过程中经历的各种活动和事件，包括商店的装潢设计、物品的摆放位置和次序、服务人员的态度、辅助设施的完备程度等；关注顾客在购买过程中更深层次的心理感受，包括企业的可信度、服务的可靠性、顾客的安全感等。传统的顾客满意度调查更多的是以产品为中心，例如我有什么功能、是否达到了顾客的预期等。而未来的顾客满意度调查更多地以顾客为中心，关注顾客的体验。

（3）从提升顾客满意度到提升顾客价值

传统的顾客满意度调查主要着眼于顾客满意度的提升，通过顾客对产品和服务质量的感知评价来改进产品和服务，从而提升顾客满意度，实现企业的经营目标。而企业要实现经营目标，首先就要赢得顾客。而要赢得顾客，就需要理解顾客价值并有效地提升顾客价值。在《体验——从平凡到卓越的产品策略》一书中，作者认为价值有主观价值和客观价值之分，"客观价值通常涉及产品的核心本质或其固有价值"，而"主观价值则基于产品的象征意义及其相关价值"。以往的产品和服务主要用于满足顾客低层次的需求（如生理需求、安全需求等），以为顾客提供客观价值为主。随着顾客追求更高层次的需求满足，企业的竞争优势体现在通过差异化的产品和服务、通过用户体验等满足顾客更高层次的需求（包括情感需求、自我实现的需求等），以提升顾客的主观价值。尽管顾客满意度是提升顾客价值的有力保证，但不能将其视为顾客价值提升的绝对标志。

顾客满意战略不应仅仅满足于顾客满意度的提升，更应关注顾客价值的提升，尤其是顾客主观价值的提升。应从影响顾客价值的因素入手，考虑顾客体验等因素等对于顾客价值提升的影响并对这些因素加以控制，从而提升顾客满意度和忠诚度，实现企业的经营目标。在这种顾客满意战略的指导下，顾客满意度调查的外延将进一步扩大，真正关注顾客潜在的价值需求。

补充资料 11-2

客户体验管理与顾客满意度调查

一、客户体验管理

客户体验管理的概念在国内的发展已有十余年时间。凭借洞悉体验、数据赋能的管理思路，客户体验管理已成为数字化时代企业提升运营能力与挖掘商机的重要手段。但是，很多企业对于客户体验管理的认识还存在误区。

根据伯尔尼·H.施密特在《客户体验管理》一书中的定义，客户体验管理是"战略性地管理客户对产品或公司的全面体验的过程"。而要"管理体验"，首先要"收集体验"，满意度回访是常见的体验数据收集方式，但并非唯一方式。确保体验数据收集的实时性、真实性、持续性是体验管理的关键。企业通过多种渠道获取体验数据，最终实现优化产品、反哺决策、改善体验的良性循环才是客户体验管理的核心目标。客户体验管理并非一个顾客满意度调研项目，而是一个面向全体客户的、持续不断的管理过程。客户体验管理的核心应该是立足于品牌定位，从品牌的核心价值和核心功能等利益点出发，针对关键接触点（而非所有接触点）进行设计。

客户体验管理和客户关系管理是有区别的。客户关系管理不等于客户体验管理。客户关系管理侧重于客户活动数据的记录和管理，而客户体验管理则倾向于获取和分析客户的情感数据，以数据表象还原客户心理。以会员管理为例，通过传统的会员管理系统可以收集客户的购买频次、金额、送货地址等，但客户情绪、体验感受等无法准确感知。用体验管理的思维进行会员管理时，首先应和客户进行沟通和互动，以客户的主观感受为出发点，进一步优化用户体验，最终达到提升企业价值的目的。

二、客户体验管理和顾客满意度调查的区别

客户体验管理和顾客满意度调查既有联系也有区别，二者在研究思路、技术手段、指标体系、研究应用等方面各有侧重。

① 研究思路。传统的顾客满意度调查采用项目思维，客户体验管理采用体系思维。以往的顾客满意度调查作为一个独立项目，有明确的开始时间和结束时间。虽然调查得到的结论也能帮助客户找到运营与服务过程中的短板，采取有针对性的改进措施，但实际效果如何，需要等到下一年度的顾客满意度调查的结果出来以后才能知晓。在互联网时代，这个周期就显得过长了。客户体验管理是一项系统工作，而且这项系统工作是常态化的，贯穿全年，月月都可以做。企业每一天都可以获得关于客户体验的信息。阶段性的报告有助于企业在每一阶段对当前遇到的问题采取有针对性的应对措施，而应对措施的效果也被及时监控。因此，改进措施是否有效的反射弧明显变短。这种体系化的客户体验管理可以及时解决问题。

② 技术手段。传统的顾客满意度调查主要依靠问卷调查收集顾客对企业的产品或服务的评价，也可以通过建立投诉渠道、神秘顾客调研、流失顾客分析等手段来收集和了解顾客满意度。客户体验管理则主要利用新型互联网技术手段来收集顾客的体验数据。对于顾客来说，参与一次调研并不是单调无聊的过程，而是表达自己意见获得认同的方式。趣味题、互动题都能激发顾客参与的积极性。对于企业而言，新技术的应用将让数据实现"在线"，让数据不再沉睡在纸面上，一下子就"活"了起来。客户体验管理要求实现数据收集的常态化，数据收集的速度、数量都呈指数级提高和增长。

③ 指标体系。顾客满意度调查关注结果，客户体验管理关注客户的体验过程。在测量指标上，前者以对产品和服务的评价为主，后者以顾客体验为中心。某地铁集团以前的乘客满意度调查从地铁运营的角度出发选择"功能性指标"，在实施"以乘客为中心"的客户体验管理战略后开始从乘客的角度选择"体验性指标"。在传统的顾客满意度调查中，"舒适度"这个指标往往只考核站内和车厢内的环境，而容易忽略进站通道这个细节。乘客乘坐地铁有固定的流程，每个环节都应该进行相应的体验评估。从客户体验管理的角度出发，则可以改进原来的固定模块、整体评估的模式，将各个流程点提取出来，分别对进站、购票、候车、乘车、换乘、出站等环节进行评估。

④ 研究应用。顾客满意度调查主要通过测量顾客对产品或服务的满意水平找出影响顾客满意度的关键因素，从而帮助企业设立改进目标，调整运营策略，提高顾客满意度和忠诚度。客户体验管理不仅服务于产品和服务的改进，还可以通过客户体验数据分析、预测服务于企业内部的业务管理，形成事前洞悉、事中监测、事后管理的业务流程横向管理模式，为企业的生产、营销、物流、客服等提供精准的指导。

思考题

1. 顾客满意的概念是什么?

2. 顾客满意度调查的作用有哪些?

3. 顾客满意度调查的常用方法有哪些?

4. 请陈述顾客满意度调查的发展趋势。